현명한 리더는
작은 소리로 말한다

THE INTROVERTED LEADER

현명한 리더는
작은 소리로 말한다

제니퍼 칸와일러 지음 ｜ 원은주 옮김

중앙 books
JoongAng Ilbo

이 책을 읽기 전에

내향적인 성격을 고민하는
모든 이에게

너희는 스스로의 많은 생각으로 인하여 마음의 평화를 누리지 못할 때 말을 하기 시작한다. 또한 너희는 고요한 마음속에 더 이상 머물러 있지 못할 때 입을 여는데, 그때 너희가 하는 모든 말들은 모두 유희이며 기분 전환일 뿐이다.[1] —칼릴 지브란

사람을 대하기가 힘들어서 그렇지 일 자체는 괜찮다는 직장인들이 있다. 사실 단 한 번이라도 그런 생각을 해보지 않은 사람이 누가 있을까? 직장에서 성공하려면 단순히 많은 지식을 보유하는 것만으로는 부족하다. 사람들과의 관계를 풀어나가는 기술 또한 필

요하다.

당신이 외향적인 사람이라면 사람들과의 관계를 쌓는 일에 흥미를 느낄 것이다. 하지만 내향적인 사람이라면, 사교 관계가 중요하고 경쟁적인 현대의 비즈니스 문화에서 당신은 소외감을 느끼거나 무시당하고 오해를 받을 수도 있다. 과묵함은 거부나 오만함, 또는 지능 부족으로 오인될 수도 있다. 사람을 대하는 기술이 부족한 탓에 승진도 못 하고 백날 제자리걸음만 할 수도 있다. 그렇다면 당신은 직장 내의 대인관계가 제공하는 경력상의 이점을 놓치는 것이며, 당신이 속한 조직 또한 훌륭한 인재와 그 인재가 보유한 전문 지식을 놓치는 것이다.

하지만 내향적인 성격도 잘 이용하면 훌륭한 장점이 될 수 있다. 남들보다 조용하고 신중한 행동거지를 고수하면서도 '전투적'이고 앞에 나서는 사람을 높이 평가하는 직장 문화에 적응할 수 있다. 이 책에서는 바로 그렇게 성공한 수백 건의 사례를 소개할 예정이다.

이 책은 누구를 위한 것인가

당신은 부하 직원들을 격려해 결과를 내야 하는 중간급 관리자이거나 신입 관리자인가? 여러 가지 프로젝트를 책임지고 있는가? 다른 직원들보다 더 많은 책임감을 짊어지고 더 많은 도전을 하길 열망하는가?

기술 분야나 과학 분야, 또는 금융 분야에 종사하는 전문가라면 조용한 성격일 가능성이 아주 높다. 그와 정반대 분야인 영업이나 관리직 종사자와는 달리 사람을 대하는 기술을 집중적으로 교육받은 적도 없을 것이다.

당신이 남성이 우세한 분야에서 근무하는 여성이라면, 직장에서 아무도 당신의 말에 귀를 기울이지 않아 어려움을 겪고 있을 수도 있다.

또 자신이 항상 내향적이지는 않더라도 이따금은 내향적이라고 생각할 수도 있다. 내향적인 성격도 사람에 따라 그 정도가 다양하며, 그중에는 '수다스러운 사람'조차 처리가 곤란한 대인 문제 때문에 쩔쩔매는 경우도 많다. 당신이 직원과 프로젝트를 이끄는 관리자인데 팀원 중에 내향적인 사람이 있을 수도 있다. 그럴 경우 이 책은 내향적인 팀원을 이해하고 이끌어 기여도를 최대한 끌어내는 데 도움이 될 것이다.

고백하자면 나는 대단히 외향적이다. 나는 머릿속에 떠오른 생각을 즉시 말로 내뱉고, 이 책을 읽는 여러 독자들이 "정신 사납다"고 생각할 법한 그런 사람이다. 그러니 나 같은 수다쟁이가 내향적인 사람들의 세계에 대해 뭘 알겠느냐고 생각할지도 모르겠다. 그런 독자들을 위해 내 과거 이야기를 조금만 해보겠다.

나는 25년이 넘게 기업 컨설턴트이자 강연가, 코치로 활동했다. 수많은 조직에서 근무하는 수천 명의 리더들을 훈련시키고 상담했으며, 그 과정에서 내향적인 사람들이 내가 이 책에 적은 방법들을 유달리 잘 받아들인다는 사실을 발견했다. 많은 사람들이 그 방법들을 활용해 자기 자신과 조직을 위해 실질적인 성과를 냈고 그 사례를 내게 보고했다. 결과는 아주 만족스러웠다.

《퇴직자 협회지(AARP The Magazine)》와 《인적 자원 협회지(The Society of Human Resources)》, 그리고 애틀랜타 저널 컨스티튜션(Atlanta Journal Constitution)의 블로그에 직장인들을 위한 칼럼을 연재하면서 내향적인 리더를 포함한 모든 리더들의 성공 법칙을 두루두루 연구했다. 여기에 독자들에게 받은 의견과 질문들 덕분에 '조용한 리더'들의 장점과 단점을 더 깊이 이해하게 되었다.

그리고 마지막으로 35년간 내향적인 리더인 내 남편과 살면서 이런 성향을 가진 리더들의 입장을 공감하고 존경하게 되었다. 나는 내 남편 빌의 조용한 성품과 인생관을 이해하고, 그런 남편을 통해 조용한 심사숙고의 가치에 대해 많은 것을 깨달았다.

당신도 현명한 리더가 될 수 있다

한 동료가 내게 톰을 소개해주었다. 톰은 20대의 마케팅 관리자로 내 연구에 관심을 가지고 있었는데 그의 조언이 깊이 와 닿았다.

"나 같은 사람을 이해 못하니까 자기처럼 살아야 한다고 떠벌리는 수다쟁이들 말은 듣지 말아야 해요, 안 그렇습니까? 현재 10억짜리 산업으로 성장한 동기부여 강연에서는 자신만만하고 외향적인 사람들이 청중에게 당신은 잘못됐다고 주입시키는 게 전부죠.

같은 문제를 겪고 있는 사람들에게서 도움을 받으세요."

나는 톰의 조언을 받아들여 여러 분야에 근무하는 100여 명의 내향적인 직장인들과 직접 인터뷰를 하며 데이터를 수집했다. 미리 마련한 질문지를 참고해 인터뷰를 하기도 했고, 고객이 근무하는 회사의 복도에 서서 간단한 대화를 나누기도 했으며, 우연히 비행기 옆자리에 앉은 사람과 이야기를 나누기도 했다.

저널리스트로 활동할 때에는 팀 회의와 세미나, 코칭 세션들을 관찰하며 조용한 리더들이 어떻게 업무를 지휘하는지 구체적인 사례를 찾아보았다. 그러한 관찰 내용은 따로 적어두었다가 이 책에 실었다.

커뮤니티 사이트에 질문지를 올려 다양한 답변을 받기도 했다. 많은 사람들이 글로 대화를 나누는 편을 선호했으며, 풍부하고 다양한 조언을 해주었다. 또한 학계 및 비즈니스계에서 활약하는 선구적인 사상가들의 독특한 견해도 참조했다.

이렇게 해서 얻은 정보를 다음과 같이 체계적으로 정리했다. 이 책의 Part 1에서 1장 〈내향적인 성격, 무엇이 문제일까〉는 비효율적인 내향적 성격에 끌려다닐 경우 부딪히게 될 문제점을 제시하고, 이러한 문제점들이 왜 리더로 나아가는 길목에서 심각한 방해물이 되는지 설명해 두었다.

2장 〈외향적인 비지니스 세계에서 성공하고 싶다면〉은 현재의 상황을 타개하고 내향적인 성격을 효과적으로 활용할 정확하고 실용적인 방법을 소개했다. 그 방법인 4P 리더십(준비, 존재감, 추진, 연습)은 당신이 직장에서 겪게 될 수많은 상황 속에서 전략을 세우도록 돕는 로드맵의 역할을 할 것이다. 또한 당신의 행동에서 무엇이 효율적이고 무엇이 비효율적인지 분석해 지속적으로 향상하기 위한 도구로 사용할 수도 있다.

4P 리더십을 간단히 설명해보겠다. 첫째, 준비란 대인관계에 필요한 계획을 세워두는 것이고 둘째, 존재감은 그 순간과 '당신이 발 딛고 서 있는 그 자리'에 충실해 주변 사람들에게 당신의 존재를 알리는 것이다. 셋째, 추진이란 당신이 편안하게 느끼던 기존의 틀에서 벗어나 과감하게 리스크를 감수하는 것이며 넷째, 연습은 이렇게 학습한 행동을 완전히 본인의 것으로 만들기 위해 지속적으로 반복해 익히는 것이다.

제3장 〈자신의 성향부터 점검하라〉는 앞 장에서 내향적인 리더가 되기 위해 습득한 태도들을 재조직하는 데 도움이 될 '내향적인 리더십 기술 퀴즈'라는 흥미로운 내용을 실어 두었다. 이 퀴즈는 효율적으로 업무를 수행하려면 어떤 부분들을 집중적으로 강화해야 하는지 파악하는 데도 도움이 된다. 또한 당신의 발전 정도를 측정하는 잣대로 사용할 수도 있고, 상사와 상담을 하기 위한 발판으로 사용할 수도 있다.

Part 2에서는 수많은 도구들과 구체적인 사례, 실용적인 팁을 통해 4P 리더십을 적용해 직장에서 발생하는 여러 가지 상황에 대처하는 방법을 살펴볼 것이다.

Part 2의 1장 〈당신도 훌륭한 연설가가 될 수 있다〉에서는 단체와 개인 앞에서 능숙하게 프레젠테이션 하는 방법을, 2장 〈리더십과 어울리는 성격 믹스매치하기〉에서는 리더로서 존경받고 있는 성공한 내향적 리더들에게서 알아낸 수많은 비법들을 알려줄 것이다. 3장 〈프로젝트를 성공적으로 이끄는 방법은 따로 있다〉에서는 프로젝트에 참여하는 팀원들을 다루는 법을 중점적으로 살펴보면서, 훌륭한 결과를 성취할 수 있도록 팀원들에게 동기를 부여하는 방법을 배울 수 있을 것이다. 4장 〈상사도 관리가 필요하다〉에서는 상사와 파트너십을 강화할 방법을 알려주고 그 본보기를 제시할 것이다.

5장 〈회의를 게임하듯 즐기려면〉에서는 회의실에서 목소리를 내는 다양한 방법들을 익혀 당신의 회의 참여도를 새로운 수준으로 끌어올려볼 것이다.

6장 〈공 들인 만큼 쌓이는 것이 인맥〉에서는 조직 안팎의 인맥을 형성하는 방법을 다루었다. 앞 장에서와 마찬가지로 당신의 내향적인 성격을 활용해 리더에게 필수 요소인 대인관계를 구축하는 방법을 알아볼 것이다.

Part 3의 1장과 2장 〈4P로 승리하라〉에서는 당신이 음지에서 걸어 나와 장점을 활용할 경우 당신과 당신 조직 모두에게 안겨줄 수 많은 이익을 살펴볼 것이다.

3장 〈이제 성공을 향해 달려가자〉에서는 당신이 밟아야 할 다음 단계에 초점을 맞추었다. 적절한 태도를 익히는 것은 단시간 내에 해낼 수 있는 게 아니다. 훌륭한 와인은 시간이 지날수록 숙성되고 맛이 깊어지듯이 이 또한 장기적인 과정이다. 이 장에는 당신이 앞으로도 리더로서 성공을 이어나갈 수 있도록 도울 발전 계획을 소개해 두었다.

　이 책을 읽어 본 후에 웹사이트 www.theintrovertedleaderblog.com을 방문해보길 바란다. 이 사이트에서는 다양한 자료를 다운로드 할 수 있고, 여러 내향적인 리더와 유익하고 지속적인 대화를 나눌 수도 있다.

소리만 요란한
빈 수레형 리더는 가라

- 외향적인 사람들은 원하는 것을 모두 손에 넣지만 당신은 필요한 것을 외면당하거나 무시당한다고 생각한 적이 있는가?
- 직장에서 사람들을 대하는 데 진이 빠지지 않는가?
- 회의 때 아무도 당신의 말에 귀를 기울이지 않는다는 생각이 드는가?
- 강연이나 인터뷰 요청을 거절한 적이 있는가?

만약 그렇다면 당신은 내향인일 수도 있다. 하지만 그런 사람은 당신만이 아니다. 빌 게이츠와 워런 버핏, 안드레아 정 같은 수많

은 위대한 경영자들도 내향적인 성격을 타고났다.[1]

테레사 수녀와 에이브러햄 링컨, 마틴 루서 킹 주니어 같은 유명한 지도자들 또한 내향적인 성격으로 추정된다. 여성 기업인으로

⎮ 표1. 전형적인 특징 ⎮

👤 외향인	👤 내향인
대인관계가 활발하며 사람들을 만나면서 에너지를 충전한다.	혼자 시간을 보내면서 에너지를 얻는다. 여러 사람들을 만난 후에는 에너지를 충전할 혼자만의 시간이 필요하다.
말한 후에 생각한다.	생각한 후에 말한다.
말을 하면서 생각을 정리한다.	머릿속으로 생각을 정리한다.
적극적이다.	소극적이다.
바깥쪽에 털이 달린 털코트처럼 속이 훤히 들여다보여 무슨 생각을 하는지 쉽게 알 수 있다.	안쪽에 털이 달린 털코트처럼 얼굴에 감정을 잘 드러내지 않는다.
친구는 물론이요 처음 보는 이들에게도 사적인 이야기를 서슴없이 털어놓는다.	선택받은 극소수에게만 사적인 이야기를 한다.
글쓰기보다는 말하기를 좋아한다.	말하기보다 글쓰기를 좋아한다.
너비에 중점을 둔다.	깊이에 중점을 둔다.

퓰리처상을 수상하기도 한 캐서린 그레이엄은 내향인이었으며, 버락 오바마 대통령 또한 내향인일 가능성이 크다. 이 외에도 내향적인 유명인은 수도 없이 많다.

이렇게 세계적으로 유명하고 사회적으로 성공한 내향인이 수없이 존재하는 것처럼, 대인 관계가 불편해서 쩔쩔매고 아예 회피해 버리는 사람들도 수없이 존재한다. 하지만 이건 그들에게 문제가 있어서가 아니다. 그저 타고난 기질이 남들보다 좀 더 내향적일 뿐이며, 대인 관계가 주를 이루는 외향적인 사람들의 세계에 적응하기 힘든 것뿐이다.

대략 50%의 인구^{2}와 40%의 경영진이 내향인이므로 절대 당신은 혼자가 아니다. 하지만 효율적인 리더가 되려면 부하 직원과 고객 및 동료와 소통을 해야 하며, 다른 성공한 내향적인 리더들과 마찬가지로 당신도 성공할 방법을 찾아야 한다.

내향적인 성격과 외향적인 성격을 깔끔하게 한마디로 정의할 수는 없다. 성격은 사람마다 다르기 때문에 일반적인 성향에 따라 분류하는 게 최선이다. 마이어브릭스 유형 지표(MBTI) 검사를 받아본 적이 없다면 온라인으로 한 번 해보는 것도 자신의 성격을 파악하는 데 도움이 된다.

하지만 대다수의 사람들은 전형적인 특징을 대면 자신의 성향이 어느 쪽인지 인식한다. 〈표 1〉에 적힌 목록을 살펴보고 어느 쪽에 더 공감하는지 알아보자.

이 도표에서 어느 한쪽을 선택하기 힘들다 해도 상관없다. 스스로에게 "남은 평생 이 두 가지 성격 중 하나를 선택해야 한다면 어느 편을 선택하겠는가?"라는 질문을 던져볼 수도 있다. 상황에 따라 내향적인 성격이 드러나는 사람도 있다. 특정한 상황이 닥치면 숨겨져 있던 내향적인 성격이 드러나기도 한다. 오프라 윈프리도 처음으로 넬슨 만델라를 만나는 순간 바싹 얼어 말문이 막혔다고 한다!

내향적인 성격과 수줍음은 다르다. 수줍음은 두려움과 대인공포증에서 기인한다. 증상이 겹칠 수도 있지만 내향적인 성격은 타고난 성향으로 이를 문제점으로 취급해서는 안 된다.

내향적인 사람이 리더가 될 수 있을까?

물론 내향적인 사람도 훌륭한 리더가 될 수 있다. 내가 말하는 리더란 아주 광범위한 의미를 담고 있다. 사람들이 결과를 낼 수 있도록 격려하는 것이 당신의 일이라면, 당신은 리더다. 현 상태에 만족하지 않고 개선시키거나 변화를 일으키고 싶다면, 당신은 리더다. 사람들을 돕고 싶다면, 당신은 리더다. 독자들 각자가 리더에 대한 정의를 내려 보았으면 한다. 리더는 일이 확실히 마무리되도록 책임을 져야 하며, 변화를 이룰 계획을 세워야 하고, 다른 이들을 코치해야 하고, 결과를 얻기 위해 함께 일해야 한다.

내향적인 리더도 성공할 수 있음을 뒷받침하는 강력한 사례가

하나 있다. 『좋은 기업을 넘어 위대한 기업으로』라는 고전 경영서에서 짐 콜린스는 성공한 기업들의 특징을 연구한 결과 그가 연구한 성공한 기업들에는 과도기에 '5단계'의 특징을 나타내는 리더가 있었다고 설명했다. 이러한 특징을 보유한 사람들은 성과를 내는 데 집중하면서도, 아이러니하게도 동시에 그 성과에 대한 공을 홀로 차지하지 않는 겸손함도 갖추고 있다. 다시 말해 5단계 리더는 '자신을 내세우지 않고 낮추는 겸손함'을 갖추고 있는데[3], 이러한 5단계 리더의 특징과 감성지능은 내향적인 리더들과 일맥상통한다.

CIO 매거진[4]에 실린 한 연구에 따르면, 중역들은 오늘날 리더들이 실패하는 주요 원인이 공감 능력이 부족하기 때문이라고 했다. 이 연구 결과는 감성지능의 선구자인 대니얼 골먼의 연구 결과와도 일치한다. 골먼은 최고의 리더들은 높은 사회지능을 보유하고 있다는 사실을 발견했다. 이러한 형태의 지능을 보유한 사람들은 대인관계에 더 많은 관심을 보이고 집중하는 경향이 있다. 즉, 높은 사회지능을 보유한 사람들은 타인과 잘 어울릴 수 있으며 부하 직원들의 실적에 큰 영향을 미칠 수 있다.[5]

약점을 장점으로 바꿀 수 있다면

나는 수년에 걸쳐 훌륭한 경영자들과 상담을 했는데, 뜻밖에도 많은 이들이 내향적인 성격을 서슴없이 솔직하게 털어놓았다. 마치 이 '비밀'을 털어놓을 기회가 좀처럼 없었던 사람처럼 숨기기보다는 오히려 자신의 성격에 대해 자세한 이야기를 늘어놓았다. 이들은 내향적인 성격을 비즈니스 도전 과제처럼 대했고, 어떤 행동이 효과가 있으며 어떤 행동은 효과가 없는지 이해하고자 했다. 그런 후 전략을 짜고 계획을 수행했다.

성공한 내향적인 리더는 약점으로 여겨질 수도 있는 것을 장점으로 바꾸어 놓는다. 직원들에게 존경받는 한 관리자는 '지나치게 조용하다'는 피드백을 받았다. 그 후에 고위급 리더로 활약하면서 오히려 이 느긋한 페르소나를 전면에 내세웠다. 차분한 자신감을 나타내는 능력을 발휘해 주변 모두에게 편안함과 차분함, 자신감을 전달한 것이다.

또 다른 리더는 여러 사람이 모이는 자리를 질색하는 성격을 오히려 기회로 삼아 팀원들에게 색다른 방식으로 자신의 비전을 알리기로 했다. 그녀는 자신이 일대일 대화를 선호한다는 점을 분명히 팀원들에게 전달했고, 그 결과 팀원들과 친밀한 관계를 쌓고 확실한 커뮤니케이션 채널과 신뢰를 구축할 수 있었다.

이렇듯 성공한 내향적 리더들은 직장 사회에 적응하기 위해 나름의 창조적인 방법을 찾아냈다. 직장 세계 안팎으로 고객 및 동료들과 일대일로, 혹은 그룹으로 지속적인 의견 교환을 하면 그에 따른 결실을 볼 수 있으며, 궁극적으로는 신뢰받고 존경받는 리더와 동료, 직원이 될 수 있다.

영화 〈악마는 프라다를 입는다〉에 나오는 무시무시한 상사(그리고

어쩌면 '드러나지 않은 내향적 성격'을 지닌 상사) 미란다 프리스틀리는 롤 모델로
삼기는 어려운 캐릭터지만, 본인에게 잘 어울리는 기술을 사용한
다는 점은 높이 살 만하다. 미란다는 밑에서 일하는 두 명의 비서
에게 파티 초대 손님들의 이름과 얼굴 및 이런저런 세부 사항을 외
워두도록 한 다음, 파티장에서 손님들과 마주치기 직전에 비서들
에게 상대방에 대한 정보를 슬쩍 물어본다.

나와 인터뷰를 한 어느 CEO는 회의 시간에 느끼는 불안감을 해
소하기 위해 부하 직원들에게 꼼꼼히 필기를 하도록 지시했으며,
몇 달 후 이렇게 정리해 둔 정보로 크게 덕을 보기도 했다고 털어
놓았다.

침묵하는 능력은 내향인의 장점이 될 수 있는 또 다른 특징이다.
많은 사람들이 침묵을 불편해하고 두서없는 이야기들을 꺼내 침묵
을 깨려고 하는 반면, 내향적인 사람은 좀 더 심사숙고해서 이야기
를 꺼낸다. HP가 인수한 EDS의 부사장으로 글로벌 BPO(비즈니스 프로세
스 아웃소싱: 회사 업무 처리의 전 과정을 외부 업체에 맡기는 아웃소싱-옮긴이)를 담당하
는 시드 밀스타인은 "사안을 심사숙고한 후에 말을 꺼내기 때문에"
동료들과 상사들에게 지혜롭다는 인식을 심어줄 수 있다고 했다.

내향적인 사람들은 고요한 순간에 내면에서 더 큰 지혜를 발견
할 수 있다. 정확하고 신중하게 말을 고를 수 있다. 내가 아는 한
임원 코치는 수많은 고위급 임원들을 코치했는데, 그는 사색적인
리더들이 입을 열면 그 영향력이 대단하다고 했다. 플로리다 임원

협회(Florida Society of Association of Executives)의 회장이자 CEO인 주디 그레이는 이렇게 말했다.

"우리는 조용하지만 효율적인 리더를 반드시 인정하고 고맙게 여겨야 해요. 처음에는 열정적이거나 카리스마 넘치는 리더가 사람들의 마음을 사로잡을지 몰라도, 이러한 특징만으로는 지속적인 발전이나 의미 있는 변화를 창출해낼 수 없습니다."

주디는 몇 년 전 굉장히 영향력 있고 예리한 어느 아이비리그 출신에게 이런 말을 들었다고 한다.

"방 안에서 가장 큰 힘을 가진 사람은 가장 조용한 사람입니다."

또한 내향적인 리더는 잠시 멈춰 서서 생각을 하는 습관 덕에 어리석은 실언을 피할 수도 있다. 한번은 어느 정치인과 이야기를 나눈 적이 있는데, 그 사람은 침묵하는 능력이 있다는 것을 고맙게 생각한다고 했다. 그가 몸담은 곳은 한마디라도 허튼 소리를 내뱉었다가는 일자리를 잃을 수도 있는 곳이기 때문이다.

당신이 내향적이라면 다른 사람들을 관찰하고 탐색할 시간이 남들보다 많다는 것을 느낄 것이다. 고위급 프로젝트 관리자인 메리 톨런드는 직원들을 관찰한 덕분에 조용히 뒤로 물러나 있던 팀원들을 코치해 인재를 양성할 수 있었다. 또 내향적인 신입 리더들의 입장을 이해해, 그들에게 조직 내에서 승진하고 성공하는 데 필요한 것이 무엇인지 현실적인 조언을 해 줄 수 있었다. 메리는 이제 이러한 지식을 여러 사람들에게 전파하고 있다.

이 책은 당신이 앞으로 당신의 리더십 스타일에 적용할 수 있는 여러 가지 방법을 가르쳐줄 것이다. 두뇌를 활성화하기 위해 스도쿠 퍼즐을 풀거나 새로운 언어를 배우는 것처럼, 조용한 리더십을 발휘하기 위해 실용적이고 입증된 도구들을 익힐 수 있다. 이제 성공적인 내향적 리더가 되기 위한 여정에 오르면서 겪을 수 있는 실질적인 문제점들을 살펴보도록 하자.

contents

PART 3 / 결국엔 작은 소리가 팀을 크게 이끈다

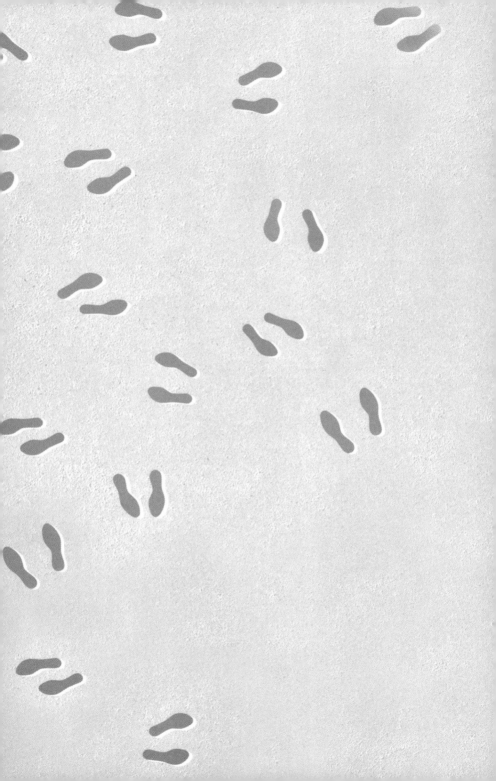

PART 1

일 잘하는 당신이
조직과 어울리지 못하는 이유

The **Introverted** Leader

내향적인 성격,
무엇이 문제일까?

Four Key Challenges

인형극 머핏 쇼에 등장하는 개구리 커미트는 "초록색으로 사는 건 쉽지 않아."라고 노래했다. 여기에 '초록색' 대신 '내향인'이라는 말을 집어넣어 보자. 물론 여태껏 별 탈 없이 순조롭게 맡은 역할을 수행해왔을 수도 있지만, 경력을 한층 더 발전시키고 싶다거나 조직에서 더 큰 임무를 맡는다면 내향적인 성격으로는 버거울 수도 있다.

내향적인 직장인이기 때문에 겪을 수 있는 주요 문제점들을 살펴보자. 내향적인 직장인으로서 앞으로 겪을 수 있는 문제점을 이해한다면 어떤 태도를 바꾸어야 하는지 깨닫는 데 도움이 된다.

사람들은 늘 똑같은 방식으로 일을 처리하는 데서 오는 고통이 너무 클 때 태도를 바꾸는 경향이 있다. 운전을 하다 장애물을 만나면 어쩔 수 없이 다른 길을 찾는 것과 마찬가지로, 직장에서 부닥치는 장애물들은 새로운 깨달음을 얻는 계기가 되기도 한다. 내 코치를 받은 수많은 내향인들은 가장 흔히 겪는 다음의 네 가지 문제점을 논의하면서 깨달음을 얻었다. 자신이 경험한 사건을 명확히 규명해보는 것이 변화하고자 하는 자극제가 되기도 한다. 그러면 내향적인 리더들이 직장에서 겪는 문제점 네 가지를 살펴보자.

마음과 몸이 먼저 아는 스트레스

과도한 업무와 신체적인 피로, 대인관계에서 오는 피로는 모두 직장에서 내향적인 사람들을 괴롭히는 부정적인 요소다. 각 요소에 해당하는 사례를 살펴보자.

과도한 업무

갓 학교를 졸업한 매디라는 한 여성은 대규모 의료 서비스 업체의 회계사라는 고소득의 편한 직장을 얻었다. 매디는 그 직장에서 일하며 많은 것을 배우고 또 자신이 배운 것을 활용하게 되리라 기대했다. 입사하고 처음 몇 주 간은 업무도 수월하고 모두들 친절했으며, 상사 또한 그녀를 마음에 들어 했다. 하지만 불행히도 몇 주가 더 지나면서 상황은 급변했다. 오전 6시 30분에 출근하고 오후 7시가 넘어야 퇴근하는 상황이 지속된 것이다. 덕분에 애인을 비롯한 친구들과 불화가 생기고 말았다.

그사이에 도대체 무슨 일이 생긴 것일까? 매디는 프로젝트 몇 개를 맡아 훌륭히 수행해 똑똑한 직원이라는 평가를 받았다. 하지만 그 후로는 프로젝트를 맡아보겠느냐는 말이 나오면 거절하지를 못했다. 다른 사람들이 무능하거나 의욕 없는 직원이라 여길까 봐 두려웠던 매디는 결국 수없는 프로젝트 홍수에 빠져 허우적대는 신세가 되었다. 프로젝트의 마감일을 맞추느라 고군분투한 것은 두말할 나위 없다. 상사에게 자신이 처한 상황을 정확히 알리지 않아 상사 역시 과다한 업무에 힘들어 하는 부하 직원을 도울 수 없었다.

업무 요청을 거절하지 못한 경험이 있는가? 내향적인 사람들은 사회적 상황에서 자신의 권리를 주장하는 자신감과 확신이 부족해 자신의 업무실적뿐 아니라 건강까지 해치기도 한다.

문제를 유발하는 것은 언제나 존재하는 스트레스가 아니라 스트레스에 대한 우리의 반응이다. 매디는 한계선을 정하지 못하고 상사에게 도움을 구하지도 못해 일과 사생활의 균형을 잃어버렸다.

신체 증상

최근 세미나에서 회의 때 호명되기만 하면 말을 더듬는다는 소심한 남자 두 명과 이야기를 나누었다. 세미나처럼 좀 더 편안한 분위기에서는 멀쩡하게 이야기하면서 직장 회의 시간에는 얼어붙어버린다는 것이다. 이러한 사례야말로 몸과 마음이 스트레스에 어떻게 반응하는지를 잘 보여주는 사례다.

스트레스를 받으면 두통과 복통, 요통이 오기도 한다. 내향인들이 타인을 대하면서 느끼는 어색하고 불편한 감정도 신체에 악영향을 미칠 수 있다. 좌절을 겪을 때 감정들을 속에 담고만 있으면 이러한 종류의 신체적 증상이 나타날 가능성이 아주 높다.

대인관계 피로

내향적인 리더들은 끝없이 사람들을 대해야 할 때 극심한 피로를 느끼기도 한다. 사교 행사가 열리기 전이면 피로와 두려움에 시달리기도 하고, 막상 행사에 참석하면 이를 악물고 간신히 견뎌내기도 한다.

내향적인 내 동료 중 한 명은 "잔뜩 들떠서 끊임없이 수다를 떠는 사람들"에 지쳐 컨벤션이 다 끝나기 하루 전에 떠났다. 또 다른 동료는 내게 끔찍한 칵테일파티에 참석하느니 차라리 집에서 끔찍하게 재미없는 책이나 읽는 게 낫겠다고 했다.

자신이 내향적인지 아닌지를 판단하는 여러 가지 방법 중 하나는 타인과 시간을 보낸 뒤에 긴장을 풀고 재충전할 시간이 필요한지 여부다. 『일터로 간 화성남자 금성여자』의 저자인 존 그레이 박사는 남성이 여성을 피해 필요한 휴식을 취하는 도피처를 동굴에 비유했다.[1] 나와 이야기를 나눈 내향인들 중 대다수가 외향인들에게 둘러싸여 있을 때 느끼는 극심한 피로를 회복하기 위해 이와 비슷한 도피처가 필요하다고 토로했다.

나도 어느 정도 공감한다. 최근에 한적한 해변으로 휴가를 갔을 때 호텔 숙박객 중 한 명 때문에 스트레스 반응을 겪었다. 처음에 대화를 나누기 시작했을 때는 꽤 괜찮은 남자 같았다. 하지만 그 남자는 장장 45분간 끝없이 떠들어댔고, 난 끼어들어 한마디 해보려고 시도하다 결국 지쳐 떨어지고 말았다. 내향인들이 매일 느끼는 기분이 바로 이런 것일 게다.

때로는 갑작스러운 상황에 처하는 것도 스트레스를 유발한다. IBM의 IT 프로젝트 관리자로 15년 넘게 근무한 폴 오트는 빨리 대응을 해야 하는데 그럴 수 없을 때 스트레스를 받는다고 털어놓았다. 그런 상황이 되면 마치 벌거벗은 것 같은 기분이라고 말했다. 폴은 '저격수' 타입을 가장 두려워했다. 저격수란 비밀 정보를 이용해 그의 논지를 반박하는 사람들이다.

원하지 않는데 억지로 눈에 띄는 관리 직책을 떠맡는 것도 스트레스가 될 수 있다. 시드 밀스타인은 리더로서 적극적으로 앞에 나서서 사람들과 대화를 나누고 함께하려고 노력했다. 하지만 밀스타인은 토론이 아니라 리더 역할을 연기하느라 정신적으로 지친다는 점을 깨달았다. 시드는 내게 이렇게 말했다.

"'내가 금방 한 일'을 떠올리기만 해도 머리가 지끈거려요. 육체

노동을 한 후에 느끼는 기분과 다르지 않을 겁니다. 물론 역할극을 지속하는 동안에는 다른 사람에게 이 사실을 숨겨야 하니, 그 때문에 스트레스는 더더욱 쌓이는 거죠."

외향인의 태도를 따라하는 것은 시간이 지나면서 점차 수월해질 수 있지만, 타고나지 않은 이상 절대 당신의 스타일이 될 수 없다. 내향적인 리더들은 지속적으로 자신의 모습을 자각해야 하며, 이렇게 하는 데는 굉장한 에너지가 필요하다.

내향적인 사람을 바라보는 주위의 시선

다른 사람들이 생각하는 나와 내가 생각하는 나는 커다란 차이점이 있는 경우가 많다. "인식이 곧 진실이다."라는 말을 들어보았을 것이다. 톰 하트먼은 그의 저서 『코드 해독하기』에서 "커뮤니케이션의 의미는 상대방에게서 얻는 응답에 있다."고 했다.[2] 따라서 자신이 의도한 메시지와 상대방이 받아들인 메시지의 차이를 이해해야 인식의 차이를 좁힐 수 있다.

부정적인 인상을 준다거나, 두뇌회전이 느리다거나 줏대가 없는 사람이라는 것이 내향적인 리더들이 마주칠 수 있는 부정적인 선입견이다. 이 선입견들을 하나하나 자세히 살펴보자.

부정적인 인상

내향적인 사람들은 본인이 의도한 바는 아니지만, 외향적인 사람들에게 부정적인 인상을 심어주는 경우가 많다. 내향적인 사람들은 자신이 직장에서 경쟁력 있고 자신감 있는 사람으로 비춰지길 바라지만, 그러한 바람은 왜곡되기 일쑤다. 침묵을 지키다가 드문드문 던지는 말 때문에 소심하거나 무뚝뚝하거나 둔감하거나 혹은 무례하다는 인상까지 준다. 따라서 내향적인 사람들은 아무렇지 않은데도 상대방에게 "무슨 일 있어?"라는 질문을 받는 경우가 종종 발생한다.

조너선 라우치는 《애틀랜틱 먼슬리》에 〈당신의 내향성을 보살펴라〉라는 훌륭한 기사를 기고했다.[3] 라우치는 이 기사를 통해 내향적인 사람들은 '기분이 좋지 않으냐'는 질문을 많이 받으며, '너무 심각하다'는 말도 많이 듣는다고 했다. 나아가 외향적인 사람과 내향적인 사람 사이의 단절에 대해 설명했다.

"외향적인 사람은 내향적인 사람을 거의, 혹은 전혀 이해하지 못한다. 외향적인 사람들은 누구나 사람들과 함께하는 것을 좋아하며, 특히 자신들과 함께하는 것은 언제나 환영받는다고 생각한다. 홀로 있고 싶다는 사람을 이해하지 못하며, 홀로 있고 싶다는 말에 분개하기도 한다. 나는 외향적인 사람들에게 그 점을 설명하려 해봤지만, 단 한 번도 그들이 진정으로 이해했다는 느낌을 받아보지 못했다. 다들 한 귀로 듣고 한 귀로 흘려버렸다. 인상이라는 것은 관계 초기에 형성된다. 내향적인 사람들은 화난 사람이나 괴팍한 사람으로 비춰지고자 의도한 것이 아닌데도 상대방에게 그런 인상을 주는 경우가 많다. 그리고 불행히도 한번 형성된 인상은 계속 가는 경향이 있다."

겉으로 드러나는 모습 또한 상대방에게 오해를 불러일으킬 수 있다. 공공라디오의 방송 프로그램인 〈인피니트 마인드〉에서는 최근에 수줍음이라는 주제를 다루었다. 물론 수줍음은 자존심 부족과 불안감이 원인으로 내향적인 성격과는 다르지만, 다음 코멘트를 보면 그 둘이 연관이 있다는 사실을 잘 알 수 있다. 이 라디오 방송에서 인터뷰를 한 대상자 중 한 명은 사람들에게 지적을 받는다는 독특한 목소리로 이렇게 말했다.

"순간 사람들이 나의 어떤 점에 주목한다는 사실을 깨달았어요. 그런 것이 주목받는다는 기분인가 봐요. 사람들이 엉뚱한 인상을 받고 있다는 기분 말이에요. 사람들은 내 겉모습만 보고 판단하기 때문에 진정한 내 모습을 몰라요. 진정한 나는 아주 강하고, 아주 눈치가 빠르고, 아주 영리할 수 있어요. 하지만 조금 내성적이고 주눅이 들어 있다고 해서 그저 쨍쨍거리는 목소리로 말이나 더듬는 멍청한 여자애 취급을 하죠."[4]

말을 하지 않는 조용한 사람이 있을 경우 주변 사람들은 뒤에서 수군거리며 그 사람의 험담을 한다. 한 내향적인 직장인은 같은 IT 팀원들이 그가 음모를 꾸미고 있으며 상사를 뒤에서 조종한다고 여긴다는 사실을 알았다. 그 이유는 무엇일까? 그가 회의 시간마다 침묵하기 때문이었다. 사무실 정치는 추악하게 치달을 수 있으며, 한 번 잘못된 인식을 심어주면 오해가 쌓이기 마련이다.

두뇌회전이 느린 사람

내향적인 사람들에 대한 또 다른 잘못된 인식은 두뇌회전이 느리다는 것이다. 요즘에는 즉시 아이디어를 내놓지 않으면 쓸모없는 사람으로 여기는 풍토가 있다.

한 외식 산업체의 IT 담당 부사장인 마틴 슈미들러는 내향적인 사람들을 대표해서 이런 의견을 내놓았다.

"나는 모든 정보와 의견들을 모두 들은 후에 결정을 내리는 것을 좋아합니다."

그는 신중한 답변을 내놓기 위해 잠시 침묵하는 태도가 빠릿빠릿하지 못한 사람이나 리더로서 가장 큰 약점인 우유부단한 사람이라는 인상을 줄 수 있다고 했다. 일반적인 조직 문화에서는 먼저 상대방의 말에 귀를 기울이는 사람은 신속한 판단력이 부족한 사람으로 비춰진다. 하지만 슈미들러는 이번 장의 후반에서 소개할 신중한 조치를 취해 인식의 차이를 좁히는 방법을 배웠다.

줏대가 없는 모습

조용한 사람들은 줏대가 없는 나약한 사람으로 비칠 수도 있다.

특히 주변의 많은 리더들이 좀 더 공격적인 입장을 취할 때는 더욱 그러하다. 사람들은 유리한 자리를 차지하려고 노력한다. 내향적인 사람도 그에 맞붙어 노력하지 않는다면 다른 사람의 손에 쉽게 놀아나는 꼴이 되고 만다. 그 결과 원하지도 않는 역할을 떠맡을 수도 있으며, 앞서 사례로 든 매디처럼 과로에 시달릴 수도 있다. 좀 더 적극적인 태도를 개발하지 않는다면, 이러한 패턴이 계속되어 조용한 당신이 강한 리더로 인식되기가 아주 힘들어질 것이다.

경력 발전을 망치는 행동들

직원들에게 동기 부여를 해 결과를 성취하도록 하는 데는 기술이나 업무 관련 전문지식 그 이상이 필요하다. 리더 역할을 수행하는 비결은 바로 대인기술이다. 회사를 위해 성과를 내고 대인관계를 발전시킨다면, 당신의 조직과 당신 앞날에 더 큰 가능성이 열린다.

내향적인 사람들은 그 두 가지 요소 중 하나인 대인관계에 신경을 쓰지 않아 경력 발전으로 가는 길에서 벽에 부딪치고 만다. 소위 '부드러운 기술'이라 부르는 이 기술은 이제 필수 능력으로 직장생활의 중심을 차지하고 있다. 그래서 기업들은 직장인들의 대인기술을 훈련시키는 데 막대한 투자를 하고 있다. 최근 몇 년 사이에 리더십 개발 프로그램이 우후죽순처럼 늘어난 것도 그 이유다.

경력 발전을 가로막는 잘못된 태도를 몇 가지 열거해 보자면 지나친 겸손, 대인관계를 등한시하는 것, 정치를 회피하는 것, 영리하게 일하는 것이 아니라 열심히 일하는 것 등을 들 수 있다.

지나친 겸손

경력은 다른 사람들이 당신과 당신의 성과에 대해 어떻게 생각하느냐에 따라 만들어지기도 하고 깨지기도 한다. 미국 남부에는 "스스로를 뽐내지 말라"는 격언이 있다. 즉, 겸손하라는 뜻이다. 하지만 안타깝게도 직장 세계에서 이런 규칙은 무용지물이다. 다른 사람들이 당신의 마음을 읽을 수가 없으므로 당신이 성취한 결과를 나서서 홍보하지 않는다면 제자리걸음만 하게 될 뿐이다.

또 승진 및 원하는 업무, 새로운 일을 할 기회를 놓칠 수도 있다. 시드 밀스타인은 "외향적인 사람은 스스로를 호의적으로 포장하고 홍보하는 법을 알지만, 나는 다른 사람이 날 인정해주기만을 기다리고 있었다."고 토로했다.

스스로 이룬 성과를 이야기하지 않는다면 사람들은 당신이 어떤 재능을 가지고 있는지 어떤 잠재력을 가지고 있는지 알 수가 없다. 당신이 스스로를 뽐내지 않는다면 유동적인 조직 구조 내에서 발생하는 새로운 직책과 프로젝트 도전 기회를 놓쳐버릴 것이다.

프로젝트 리더들이 적당한 책임자를 물색할 때, 당신은 그들의 레이더망에서 제외될 것이다. 또 승진에도 심각한 영향을 미칠 수 있다. 내가 이 책을 쓰기 위해 인터뷰한 사람들이 가장 후회하는 것 중 하나가 바로 스스로를 홍보하지 않았다는 점이었다.

대인관계를 등한시하는 것

"중요한 것은 당신이 무엇을 알고 있느냐가 아니라, 당신이 누굴 알고 있느냐."라는 오랜 속담이 있다. 오늘날에도 여전히 통용되는 속담이다.

메리 톨런드는 직장 생활 초기에 대인관계를 쌓을 기회를 한 번 놓치는 바람에 승진에 큰 악영향이 미쳤다고 했다. 그 회사의 문화로는 승진을 하려면 대인관계를 다져두는 것이 중요했던 것이다. 메리는 뒤늦게야 상사 및 상사의 가족들과 스포츠 등의 사소한 잡담을 나누어도 괜찮다는 사실을 깨달았다.

사람들은 자신이 잘 알고 신뢰하는 사람들을 고용한다. 나는 행사가 열릴 때 명함 교환을 금지하는 한 조직에서 근무한 적이 있는데, 이 조직의 멤버들은 명함 교환이 아닌 조직 내의 여러 프로젝트에서 함께 일하며 서로를 알아갔다. 사람들과 교류하는 실질적인 경험을 통해 그 일에 참여하고 싶은지를 판단하는 것이다. 오늘날 나는 이 멤버들 중 몇 명(그중 일부는 내향인이다)을 내 개인 자문위원회의 주요 멤버로 여기고 있다.

기존의 틀에서 나오기를 망설인다면, 그리고 직장 안팎에서 인맥을 확대하지 못한다면, 당신이 속한 조직과 당신의 경력에 무엇보다도 소중한 자산이 될 대인관계를 결코 만들지 못할 것이다.

정치를 피하는 것

사내 정치를 부정적이고 추악한 게임이라 여기는 사람들이 많다. 소문과 험담, 뒷담화, 중상모략도 분명 사내 정치의 일부이긴 하다. 조용한 사람들의 경우 나서지 않고 남의 눈에 잘 띄지 않는 덕에 남들보다 업무에 더 집중할 수 있으며 생산성도 더 높다. 특히 조직에 위기 상황이 닥쳤을 때는 더욱 그러하다. 하지만 사내 정치는 대부분 자연스럽게 발생하며 꼭 부정적인 것만은 아니다.

좋은 종류의 사내 정치란 은행에 자본금을 넣어두고 시간이 지날수록 이자를 차곡차곡 쌓아가는 것과 같다. 다시 말해 적절한 사람들과 관계를 맺는다는 뜻이며, 적절한 사람이란 조직 내의 고위급 임원뿐 아니라 다른 사람들의 존경을 받고 인맥이 탄탄한 사람을 말한다. 자본금을 넣어둔다는 것은 적절한 사람들과 함께 시간을 보내면서 이들이 무엇을 필요로 하고 무엇을 우선시하는지를 알아내고 조직이 나아가야 할 방향을 결정하는 것이다. 이러한 인맥으로부터 조직의 문화를 좀 더 배우면 당신의 목표를 성취하는 데 도움이 된다.

열심히 일만 하는 것

나는 신입 및 중간급 리더들을 상대로 경영 세미나를 열고 있다.

의사소통과 경영기술을 다루는 세미나에 참석하는 사람들은 주로 자료나 정보를 다루는 직장인들로 회계와 금융, 공학, IT 업계 종사자들이 대부분이다.

이들은 회사 내에서 가교 역할을 하며 사원들이 복잡한 규정들을 준수하도록 돕는다. 이들 대부분은 성과형 인재다. 그렇지 않다면 소속 회사들이 이들의 개발에 연간 수천 달러를 투자하지 않을 것이다. 이들은 회사에서 뺀질대는 직원은 아니지만 중요한 대인기술이 부족한 경우가 많다.

이따금씩 외향적인 사람들처럼 사무실 칸막이를 나와 다른 사람들과 대화를 나누기도 하는가? 내향적인 사람들 중 많은 수가 대인 관계를 쌓기 위한 대화를 기피한다. 자신의 사무실에만 콕 처박혀 있거나, 재택근무를 할 경우 웬만해서는 본사에 들르지 않는 것이 보통이다.

사람 만나는 것을 기피하고 주어진 업무만 열심히 한다면 한동안은 효율적일지도 모른다. 활력이 넘치는 조직 내에서 대인관계를 처리하다 보면 업무에 쏟을 여력이 부족할 수 있다. 내향적인 사람들의 말처럼 '연기'를 하는 것은 사람의 진을 전부 빼놓는 일이기 때문이다. 어떤 사람이 내게 말했듯 '행복한 표정을 짓는 것도 때로는 고역'이다.

우리가 가진 에너지는 유한하다. 따라서 사람들을 편하게 대하는 효율적인 방법을 익히지 않는다면, 매일 출근할 때마다 전쟁터에 나가는 사람처럼 긴장하고 단단히 무장하고 하루하루 살아남으려 고군분투하는 생활이 반복될 것이다. 그리고 이러한 생활이 이어지면 당신의 업무 실적에도 악영향이 미치는 건 자명한 논리다. 승진 시기가 오거나 새롭고 흥미진진한 업무를 할당할 때 당신의 몫은 없을 가능성이 높다.

내향적인 성격의 문제점을 정확히 바라보다

앞에 나서거나 중심에 서지 않는 내향적인 사람들의 성격은 직장에서 여러 문제를 일으킬 수 있는 또 다른 특징이다. 다른 사람의 눈에 띄지 않는다면 여러 기회를 잃고, 아이디어를 내놓아도 아무도 귀를 기울이지 않으며, 조직 내에서 영향력을 잃게 된다.

기회를 놓친다

'반짝거리며 빛나는' 외향적인 사람들은 자신의 업무에 필요한 자원을 쉽게 얻어내는 반면, 내향적인 직장인들은 좌절에 빠져 가만히 기다리기만 한다. 외향적인 사람이 가식을 떤 것이라도 이러한 상황이 발생할 수 있다.

비영리 단체의 CEO인 로리 니컬스는 "외향적인 사람들은 겉으로만 부풀려져 있으며 실속은 없다."고 지적하기도 했다. 반면 내향적인 사람은 꾸준히 노력하는데도 자신이 한 일에 대한 공로를 인정받지 못할 수도 있다. 예산 책정이나 급여 인상, 혹은 인사이 동 시기가 왔을 때 손해를 보는 것은 어느 쪽일까? 경영진은 내향적인 사람이 무대의 중심을 차지하고 있지 않으면 이들의 장점과 능력, 실적을 간과해버린다.

마케팅 업계에 근무하는 한 젊은 내향적인 리더는 회사 내에서 열리는 회의 시간에 직원들에 대한 인식이 형성된다는 점을 알아차렸다. 그는 회의에서 자신의 미래가 결정되며, 회의에서 생성된 대인관계에 따라 고위급 경영진에게 어떤 인상을 주느냐가 달려 있다고 생각했다. 그는 '먼저 나서서 말하는 타입'이 아니라서 업무를 신속하고 효율적으로 완수하면서도 원하는 업무를 맡지 못한다고 생각하고 있었다.

"나는 그 자리에 존재하기만 할 뿐 내가 어떤 일을 했는지 표지판을 들고 있지는 않은 겁니다."

이러한 상황에서 뒤로 물러나 관망만 하는 것은 타 도시에서 일자리를 찾는 것과 비슷하다. 눈앞에 보이지 않는다면 고용주들이 '가장 먼저 떠올리는 직원'이 되기가 훨씬 힘들다. 조직 내에서는 당신이 존재한다는 사실을 사람들이 잊어버리고 만다. 결국 성취한 만큼 보상을 받지 못해 좌절하고 업무 의욕마저 꺾여버리는 결과를 낳는다. 이런 상황에 처한 내향적인 직장인들은 타고난 기질을 바꾸는 것 외에 다른 방도를 몰라 쩔쩔매고 있을 것이다.

아이디어에 아무도 귀를 기울이지 않는다

내향적인 사람들은 느긋하게 뒤로 물러나 있는 경향이 있어 이들의 통찰력과 아이디어, 해결책은 다른 사람들의 레이더망에 걸리지 않는다.

날 찾아온 내향적인 고객들은 특히 그룹 토론일 경우 언제 끼어들어 자신의 의견을 내놓아야 할지를 모르겠다고 하소연한다. 또 외향적인 사람과 일대일로 대화를 나눌 때도 끼어들어 자신의 의견을 내놓지 못해 어려움을 겪고 있다. 대개는 머리를 긁적거리며 남들보다 느리고 신중한 태도가 주범일지도 모른다고 털어놓는다. 나서서 말할 기회가 생겼을 때에도 무시당하거나 아니면 좀 더 적극적인 팀원들이 아이디어를 가로채버린다고 불만을 토로한다.

로리 니컬스는 어느 유명한 리더십 프로그램에 참가해 자신을 비롯한 조용한 사람들이 스트레스를 받는 끔찍한 상황을 털어놓았다.

"모임이 있을 때마다 외향적인 사람들이 분위기를 휘어잡아요. 무작정 앞에 나서서 요란하게 허풍을 떨어대죠. 그룹 토론에서 내가 나서려 할 때마다 외향적인 사람이 끼어들어 화제를 전환해버려요. 나는 내향성이란 병을 앓고 있는 거예요."

그 외에도 수많은 내향적인 리더들이 들러리로 전락해 본 경험이 있다고 털어놓았다.

아이디어를 내놓아도 정당한 인정을 받지 못한다고 불만을 토로하는 사람들도 있다. IBM에 근무하는 노련한 IT 팀장은 자신은 본래 조용히 여러 가지 아이디어를 숙고한 다음 신중하게 고려한 답변을 적은 이메일을 보내는 타입이라고 했다. 하지만 그의 아이디어가 별로 받아들여지는 것 같지 않고, 오히려 회의장에서 떠도는 형편없는 제안들이 후에 자신이 이메일로 보낸 제안보다 더 큰 영향력을 발휘한다고 했다. 그의 조직에서는 글로 쓴 문서보다 어떤 말을 하는지에 따라 직원을 평가했던 것이다.

조직 내에서 영향력을 잃는다

직장 내에서 눈에 띄지 않으면 기업 내의 회의와 의사결정 과정에 미칠 수 있는 영향력이 줄어들 뿐 아니라 개인적인 권력과 영향력도 사라진다. 최근에 한 내향적인 리더에게서 안타까운 사연을 접했다. 그는 팀원 모두에게서 특정 일자까지 보고서를 받아야 했다. 그래서 팀원에게 이메일을 보내 이 사실을 알렸다. 하지만 원하는 일자에 보고서를 받지 못하자 팀원들에게 상사의 지시에 따르지 않은 것과 프로젝트에 신경을 쓰지 않는 것을 지적하는 고약한 이메일을 보냈다는 것이다. 만약 그가 팀원들에게 전화를 하거나 직접 얼굴을 마주 보고 확인했다면 정보를 수집하는 시스템에 문제가 생겨 일이 지연되었다는 사실을 알 수 있었을 것이다.

이메일은 오해를 배가시키는 도구다. 이메일이 내향적인 사람에게 요긴한 장치이긴 하지만, 리더로 성공하기 위해 필요한 인간관계를 단절시키고 틀어지게 만들 수 있는 장치이기도 하다.

좀 전에 사례로 든 내향적인 리더는 고약한 질책 이메일을 보낸 탓에 팀원들의 신뢰를 잃었고, 앞으로도 업무를 함께 해나가면서 팀원들의 도움을 얻기가 힘들 것이다. 이 리더는 팀원들이 업무 태도가 좋지 않고 상사의 지시를 따르지 않는다는 잘못된 추정을 해서 본래 자신이 가지고 있었을지도 모르는 권력을 버리는 실수를 저질렀다.

이 장에서 이야기를 나눈 문제점들은 이따금은 벅차게 느껴질 수도 있지만, 당신은 이러한 장애물을 극복할 수 있고 극복하게 될 것이다. 문제점들이 앞에 놓여 있다는 것을 알면 미리 준비를 하고 잠재적 장애물을 기회로 바꿀 수 있으며, 그런 다음 현재보다 한층 더 강한 리더가 될 수 있다.

이제 문제점이 무엇인지 알았으니 다음 단계는 실질적인 조치를 취하는 것이다. 4P 리더십이라는 실용적인 도구를 이용해 이러한 문제점을 기회로 바꾸는 법에 대해 알아보자.

외향적인 비지니스 세계에서 성공하고 싶다면

Unlocking Success : The 4P's Process

내향적인 성격을 바꾸어 줄 마법 같은 것은 존재하지 않지만, 내향적인 성격으로 인해 겪는 문제점들을 해결하고 그것들을 기회로 바꾸기 위해 취할 수 있는 실질적인 방법들은 존재한다. 그중에서도 4P 리더십은 실적을 향상시키기 위해 쉽게 적용할 수 있는 로드맵이다.

4P 리더십인 준비, 존재감, 추진, 연습은 스트레스와 인식의 차이, 경력 탈선, 투명인간이라는 네 가지 문제점을 해결해준다. 각단계 안에는 내향적인 리더로서 앞으로 나아가게 도와줄 수많은 도구들이 포함되어 있다.

혹시 내향적인 직원들을 거느리고 있는 관리자라면 4P 리더십을 코칭 도구로 사용할 수 있으며, 내향적인 동료들과 좀 더 원활한 의사소통을 하길 원하는 직장인에게도 유용하다.

이 프로세스는 당신의 발전 과정을 체크하고 효율적인 대인관계와 비효율적인 대인관계를 숙고하는 바로미터로 사용할 수도 있고, 앞으로 닥칠 상황에서 전과 다르게 행동하기 위한 계획을 세우는 데도 도움이 된다.

4P 리더십은 네 가지 단계, 즉 준비, 존재감, 추진, 연습(표 2)으로 이루어져 있다.

첫 번째 단계는 준비다. 내향적인 사람은 리더 역할을 맡았을 때 준비를 미리 해 두면 그 어떤 상황이 닥치더라도 헤쳐 나갈 수 있는 자신감을 얻을 수 있다.

두 번째 단계는 존재감이다. 현재 함께하고 있는 사람들에게 당신의 존재를 드러내 보임으로써 당신이 현재에 충실하다는 점을 보여주는 단계다.

세 번째 단계는 추진이다. 안주하고 있던 기존의 틀에서 벗어나는 단계다. 준비를 하고 존재감을 드러내는 법을 익힌 뒤 두려움을 떨치고 앞으로 나아가야 여러 가지 기술을 개발하고 완전한 내 것으로 만들 수 있다.

네 번째 단계는 연습이다. 새롭게 익힌 태도를 연습할 모든 기회를 활용하는 것이다. 위대한 챔피언들은 매일같이 연습을 반복한다. 당신이 한 가지 기술이나 도구를 마스터하면, 이 프로세스를 처음부터 다시 반복한다. 언제나 다뤄야 할 새로운 상황이 발생하기 마련이다.

내 고객들 및 나와 인터뷰를 한 사람들이 이 4P 리더십을 어떻게 이용했는지 그 예를 좀 더 들어보겠다.

표 2. 4P 리더십

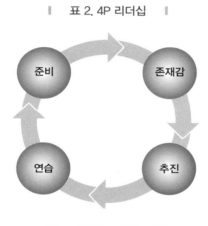

준비 – 존재감 – 추진 – 연습

💬 준비 단계

대인관계에 대비하는 것이야말로 당신이 취할 수 있는 최고의 조치다. 사람들은 '임기응변'으로 대화나 프레젠테이션에 임하고 까다로운 사람을 상대할 수 있다고 생각한다. 하지만 사실은 그렇지 않다. 프로젝트에 쏟아 붓는 관심과 집중력으로 대인관계 전략을 짠다면 굉장한 일이 벌어질지도 모른다. 스트레스가 감소하고 인식의 차이가 좁혀질 수도 있다.

어떤 질문이 나올지 예상하고 그에 대한 답변을 작성해 까다로 운 회의를 준비한 적이 있는가? 친구와 역할극을 해본 적은? 그렇 게 만반의 준비를 했을 경우 회의실에 들어서는 순간 좀 더 자신감을 가지고 최상의 기량을 발휘할 수 있었을 것이다. 미처 예상하지 못한 질문을 받더라도 최근에 조사한 여러 가지 자료들을 바탕으로 탄탄한 답변을 이끌어 낼 수 있었을 것이다. 그렇다면 미리 자료를 검토하고 준비하는 것이 어떠한 차이를 낳는지 알 것이다.

나는 성공한 내향적인 리더들과 이야기를 나누며 수많은 사례를 수집했는데, 그들은 전부 만반의 준비를 했다. 의식적인 준비에 관한 사례들은 이 책 전반에 걸쳐 소개해 두었으므로, 일단 여기서는 간단한 사례 두 가지를 소개하겠다.

어느 홍보업계의 젊은 리더는 프레젠테이션을 하기 전 느끼는 불안감을 상쇄해주는 완충제로 프레젠테이션에서 사용할 구체적인 문구들을 포함해 대량의 메모를 준비한다고 했다. 미리 이렇게 메모를 적어놓으면 아래를 흘끗 보기만 해도 문단 전체를 떠올릴 수 있으며, 내향적인 성격의 방해를 받지 않고 해 나갈 수 있다.

IT 리더인 마틴 슈미들러는 최근 중요한 사교 행사에 참가하게 되었다. 그는 행사가 열리기 전 좌석 배치도를 입수해 대규모 칵테일 파티에서 그가 타깃으로 삼을 만한 주요 고객들을 진지하게 연구했다. 이렇게 만반의 준비를 한 덕분에 불안감을 누그러뜨릴 수 있었으며, 동시에 커다란 거래처를 확보할 수 있었다.

준비란 전략을 마련한다는 뜻이므로, 필요한 만큼 홀로 시간을 보내면서 대인관계 전략을 짜 보자. 이를테면 목표를 분명히 확인한다, 구체적인 질문과 답변을 생각해 둔다, 메모를 한다, 신뢰하는 동료와 예행연습을 한다 등의 전략이다. 대인 기술이 뛰어난 사람들을 관찰하고 이들의 접근법을 당신만의 스타일로 활용해보라. 분명 효과가 있을 것이다.

📢 존재감 단계

사전을 찾아보면 존재감은 '다른 사람들의 주목, 특히 존경 어린 주목을 받는 처지'라고 정의되어 있다. 만반의 준비를 마쳤다면 편안한 마음으로 현재 그 자리에서 존재감을 보여줄 수 있다.

내향적인 리더들은 준비만 잔뜩 한 다음 대세를 따라가고 마는 경우가 너무나도 많다. 하지만 리더십을 보여주는 최선의 방법 중 하나는 존재감을 보여주는 것이다.

친구 한 명이 존경하는 사람에 대해 말한 적이 있는데 "그 사람은 나와 있을 때는 온전히 나에게만 집중한다."고 했다. 상대방에게 그 사람에게만 온전히 집중한다는 생각을 심어준다면, 인식의 차이나 당신이 의도한 이미지와 다른 사람이 당신을 인식하는 이미지의 차이는 상당 부분 줄어든다. 무심하고 남들과 어울릴 줄 모르는 사람이 아닌, 상냥하고 정직한 사람으로 비춰질 수 있다. 현재의 순간과 당신이 함께하는 사람에게 집중한다면 대인관계를 쌓고 개인적인 권력을 손에 넣을 수도 있다.

나는 최근에 어느 기업의 COO(Chief Operating Officer: 최고 운영 책임자)를 만났다. 솔직히 말하자면 나는 당시에 잔뜩 긴장하고 있었다. 그녀는 나보다 직급이 서너 단계는 더 높은 영향력 있는 사람이었기 때문이다. 게다가 당시 나는 여러 가지 복잡한 업무를 눈앞에 두고 있어, 그녀에게 긍정적인 인상을 심어주고 싶은 마음이 컸다.

회의가 시작되길 기다리면서 그녀와 이야기를 나누는 순간 나는 마음이 편안해졌다. 그녀가 내 눈을 똑바로 바라보고 내게 진실한 관심을 보이며 예리한 질문들을 던진 것이다. 주변에는 나보다 중요한 고위급 인사들이 많았지만, 그 순간은 마치 그 회의실에 나 혼자뿐인 것 같은 기분이 들었다. 그녀는 내게만 온전히 집중해주었다. 나는 그녀와 처음으로 나눈 그 대화가 아직도 기억에 생생하다. 그 후에 만났을 때에도 그녀는 내가 무엇이 필요한지를 이해하려 하고 적절한 조언을 해 주어 존재감을 보여주었다. 그러한 그녀의 태도 덕분에 나는 업무에 최선을 다하고자 하는 동기를 부여받았다.

존재감을 드러낼 때는 좀 더 진실한 모습이 나타나기 마련인데, 진실한 모습을 보이는 것은 리더십의 또 다른 필수 요소다. 영화 〈행복을 찾아서〉[1]에서 윌 스미스가 연기한 노숙자 주인공 크리스가드너가 누더기 옷을 입고 주식 중개인 인턴 면접을 보러 들어가는 장면을 떠올려 보자. 크리스는 무임승차를 한 탓에 하룻밤을 감옥에서 보냈다. 하지만 '준비한 대답'에 의존하지 않고 자신의 상황을 솔직히 털어놓았다. 이는 위험한 방법이지만 크리스는 덕분에 면접관의 존경을 얻고 결국엔 직장까지 얻었다.

존재감을 개발한 내향적인 리더들은 예기치 못한 사태를 의식적으로 준비하기도 한다. 대화가 멈추면 꺼낼 만한 이야깃거리를 생각해둔다. 소매 안에 감춰둔 끝없는 질문들을 꺼내고, 도전 과제들이 앞에 놓였을 때 심호흡을 하는 등 스트레스 감소 기술들을 사용한다.

자신의 분야에서 크게 인정받는 교수였던 고 프레드 오트 박사는 굉장히 내향적인 사람이었다. 이 책을 쓰기 위해 박사의 미망인인 제니퍼 부시와 이야기를 나누면서, 오트 박사가 사회적 상황에서 사용하던 기술을 하나 배웠는데, 바로 언제라도 꺼낼 수 있도록 이야깃거리를 준비해 가는 것이다.

제니퍼는 남편이 이야기를 하는 도중에 누군가 중얼거리며 잡담을 하면, 스스로 에너지를 얻고 존재감을 드러낼 수 있는 이야기를 반드시 했다고 한다. 덕분에 잡담을 하던 동료는 순식간에 머저리가 되고, 프레드는 정말 멋있는 남자라는 명성을 유지할 수 있었다는 것이다.

📢 추진 단계

에머슨은 "당신이 가장 두려워하는 일을 하라."고 했다. 두려움을 극복하고 떨쳐버리라고 종용하는 글은 수도 없이 많다. 사실 말이 쉽지 실제로 실행에 옮기긴 어렵다. 하지만 내가 이야기를 나눠본 내향적인 리더들 중 상당수는 편안한 기존의 틀에서 벗어나 불편한 대인관계를 쌓기 위해 노력했다.

기존의 틀에서 나와 과감하게 리스크를 감수한다면, 다른 사람들이 당신의 잠재력을 알아볼 수 있다. 당신이 과감하게 밀어붙이면 경력이 다시 제 궤도에 오를 수 있다. 경력을 더 발전시킬 수도 있다. 메리 톨런드는 스스로를 밀어붙여 상사와 관계를 쌓은 덕에 경력이 상승세를 탔다. 안전지대를 벗어난 당신은 더 이상 투명인간이 아니며, 이렇게 밀어붙여야만 중요한 기회를 손에 넣을 수 있다. 마틴 슈미들러는 스스로를 밀어붙여 좌석 배치도를 입수해 자신이 의도한 대로 자리를 만든 덕에 중요한 거래처를 확보했다.

내가 아는 또 다른 CIO(Chief Information Officer: 최고 정보 책임자)는 참석하는 칵테일파티에서 30분 내에 명함 20개를 수집하라는 코치가 내준 도전과제를 수행하기 위해 스스로를 밀어붙였다. 처음에는 어쩔 수 없이 시작한 일이었지만 결국 그는 조직 내에서 최고의 인맥 전문가가 되었다.

대중 연설이 되었든 고객과 골치 아픈 대화를 나누는 것이 되었든, 어쩔 수 없이 스스로 기존의 틀에서 벗어나야 하는 상황에 처하는 것이 중요하다. 한 내향적인 리더가 "이 세상에서 내가 더 할 수 있는 일이 있는지 알고 싶다."고 한 것처럼 말이다.

🖖 연습 단계

연습은 4P 리더십의 마지막 단계다. 연습을 하면 새롭게 익힌 도구들의 사용법에 능숙해져 완전한 당신의 것으로 만들 수 있다. 타이거 우즈의 골프 스윙이 남다른 것은 챔피언의 지위에 올랐는데도 연습을 게을리하지 않기 때문이다.

연습을 해야 사람들과 어울리고 메시지를 전달하는 여러 가지 방법들을 실험해 보며 실력을 발전시킬 수 있다. 연습을 해야 상황에 따라 접근법과 태도를 재조정하는 능력을 기를 수 있다.

당신이 오른손잡이라고 생각해 보자. 그런데 오른손을 다쳤다면 일상생활을 하기 위해 왼손을 사용해야 할 것이다. 처음에는 어색하고 불편하겠지만 어느 정도 시간이 지나면 그럭저럭 생활해 나갈 수 있을 정도가 될 것이다. 편안하고 스트레스도 전혀 없을 정도일까? 아니다, 평소에 사용하던 손을 사용하지 않고 있다. 하지만 시간이 지나면 왼손을 사용하는 것이 처음보다 좀 더 편안하게 느껴질 것이다.

마찬가지로 직장에서 평소와 다른 태도를 연습할 때 처음에는 어색하게 느껴질 것이다. 하지만 의식적으로 반복하다 보면 남들에게 당신이 보여주길 원하는 모습을 보여주어 인식의 차를 좁히는 법을 깨닫게 될 것이다. 동료들과 직속 부하들, 그리고 상사들 사이에서 당신에 대한 신뢰도와 신용도가 올라갈 것이다. 투명 망토를 벗어버린 덕에 당신의 경력은 앞으로 나아가게 될 것이다.

앞으로는 직장에서 흔히 겪을 수 있는 상황에서 위험도가 낮은 모험을 감행해 연습을 하는 방법을 알려줄 것이다. 이 방법을 따른 다면 당신의 기술과 자신감이 모두 상승할 것이다.

자신의 성향부터
점검하라

Strengths and Soft Spots

숀은 팀장에서 관리자로 승진한 것이 기뻤다. 승진하고 첫 몇 주간
은 업무도 수월했다. 다들 그의 등을 토닥이며 축하해 주었지만 그
외에는 별로 달라진 것이 없었다. 여전히 팀의 일원으로 마감에 쫓기
고 고객의 니즈를 충족시키려고 고군분투하는 등 실무에 시달렸다.

하루는 숀의 상사가 그의 사무실에 찾아와 그가 새로운 직위에
어울리는 업무를 수행하지 못하고 있다며 우려를 표했다. 그리고
는 숀에게 새로운 역할을 맡았으니 어떠한 기대에 부응해야 하는
지를 간단하게 코치해 주었다. 실무 직원에서 리더로 변화했으니
팀원들에게 동기를 부여하고 높은 실적을 이끌어내야 하며, 담당

하는 업무에서 그가 이끄는 사람들로 초점을 바꾸어야 한다고 조언했다.

서너 달 동안 숀은 "기존의 역할에서 벗어나는 법"을 익혔고, 팀과 경영진의 니즈에 대응하는 데 더 많은 시간을 투자했다. 그리고 새로운 도전과제를 완수하기 위해 과거의 조용한 태도를 유지하면서도 거기에 약간의 변형을 가했다. 이렇게 학습 과정을 거친 숀은 훌륭한 리더로 거듭났고, 기존의 틀에서 벗어나 리더 역할을 수행하도록 격려해준 상사에게 감사했다.

새로운 업무에 도전하다가 자신도 몰랐던 능력을 발견한 적이 있는가? 이런 일은 내향적인 리더들에게서 자주 발생한다. 내향적인 리더들은 승진을 추구하지 않는다. 누군가에 의해서 기존의 틀 바깥으로 떠밀려 나가기 전까지, 이들은 자신을 기술적으로는 유능하다고 생각하면서도 다른 이들에게 깊은 영향력을 발휘할 수 있는 사람이라고는 생각하지 않는다. 하지만 기회가 오면 내향적인 사람들은 말 많은 동료들보다도 더 확실한 능력을 발휘해 직원들을 이끌 수 있다. 그리고 이러한 태도를 주변 사람들에게 전파해, 부서가 기대를 넘어서는 결과를 내고 궁극적으로는 회사가 큰 성과를 얻는 발판을 마련한다.

인간 행동을 연구하는 대다수의 전문가들은 우리의 기질은 유전자와 환경의 영향이 뒤섞여 형성되는 것이라 결론을 내리고 있다. 중요한 것은 선천적인 것이냐, 후천적인 것이냐가 아니라 이 두 가지 요소가 어떻게 상호작용하느냐다. 숀의 타고난 기질은 조용하고 느긋했다. 하지만 과거의 경험을 통해 관리자가 어떻게 직원들을 관리해야 하는지에 대한 자신만의 철학을 세웠다. 거기에 상사의 멘토링 덕에 리더십 팔레트에 새로운 기술들이 더해져 과거의 틀에서 벗어나는 동시에 자신만의 스타일을 고수할 수 있었다.

리더십 기술 – 내향적인 리더를 위한 퀴즈

그렇다면 당신은 어떤가? 리더로서 전력을 다하고 있는가? 당신이 좀 더 효과적인 내향적 리더가 되기 위해 익혀야 할 기술은 무엇일까? 잠깐만 시간을 내 아래의 간단한 퀴즈(표 3 참조)를 풀어보자. 이 퀴즈를 풀어보면 앞으로 이 책을 읽으며 당신이 중점을 두어야 할 부분들을 파악하는 데 도움이 될 것이다.

▎표 3. 내향적인 리더를 위한 퀴즈 ▎

직장에서 자신의 모습이 어떤지 판단해 해당되는 것에 동그라미를 해보자. 자신을 너무 엄격하게 판단하거나 너무 무르게 판단하지 않도록 주의할 것.

㉮ 매우 그렇다 ㉯ 그렇다 ㉰ 그렇지 않다 ㉱ 매우 그렇지 않다 ㉲ 해당 사항 없음

I. 대중 앞에서 말하기

1. 프레젠테이션에서 발표할 이야기와 예시들을 미리 준비한다.

㉠ ㉡ ㉢ ㉣ ㉤

2. 프레젠테이션을 하기 전에 실제로 프레젠테이션을 하는 것처럼 소리 내어 리허설을 한다. ㉠ ㉡ ㉢ ㉣ ㉤

3. 최대한의 효과를 내기 위해 목소리를 활용한다. ㉠ ㉡ ㉢ ㉣ ㉤

4. 나는 연습 삼아 사람들 앞에서 연설할 기회가 오면 그 기회를 놓치지 않는다. ㉠ ㉡ ㉢ ㉣ ㉤

II. 관리하기와 이끌기

1. 실무와 관리의 균형을 적절히 유지한다. ㉠ ㉡ ㉢ ㉣ ㉤

2. 관리자 역할을 수행할 때 직원 개개인의 커뮤니케이션 스타일을 고려한다. ㉠ ㉡ ㉢ ㉣ ㉤

3. 현재에 온전히 집중하며 상대방의 말에 귀를 기울인다.

㉠ ㉡ ㉢ ㉣ ㉤

4. 필요하다면 내 팀 안에서 갈등이 표면으로 표출되게 내버려둔다.

㉠ ㉡ ㉢ ㉣ ㉤

III. 프로젝트 이끌기

1. 프로젝트 멤버들과 신뢰를 쌓기 위한 시간을 보낸다.

㉠ ㉡ ㉢ ㉣ ㉤

2. 프로젝트에서 내가 기대하는 바가 무엇인지 팀원들에게 분명히 알린다. ㉮ ㉯ ㉰ ㉱ ㉲

3. 프로젝트를 수행한 공로를 팀원들과 나눈다. ㉮ ㉯ ㉰ ㉱ ㉲

4. 프로젝트에 독창성과 팀워크를 자극하기 위해 유머를 활용한다. ㉮ ㉯ ㉰ ㉱ ㉲

IV. 상사 관리하기

1. 정기적으로 상사와 만난다. ㉮ ㉯ ㉰ ㉱ ㉲

2. 상사에게 역할과 목표에 대한 질문을 자주 던진다. ㉮ ㉯ ㉰ ㉱ ㉲

3. 상사에게 문제점과 잠재적인 해결책을 제시한다. ㉮ ㉯ ㉰ ㉱ ㉲

4. 상사와 피드백을 주고받는다. ㉮ ㉯ ㉰ ㉱ ㉲

V. 회의하기

1. 내가 주관하는 회의의 의제를 미리 준비하며, 다른 사람이 주관하는 회의에 초대를 받을 때는 미리 의제를 알려달라고 부탁한다. ㉮ ㉯ ㉰ ㉱ ㉲

2. 회의 때 '골목대장들'을 다루는 비결이 몇 가지 있다. ㉮ ㉯ ㉰ ㉱ ㉲

3. 할 말이 있을 때는 나서서 이야기한다. ㉮ ㉯ ㉰ ㉱ ㉲

4. 참가자들을 회의에 참가시키기 위해 다양한 그룹 테크닉을 구사
   한다.   ㉮ ㉯ ㉰ ㉱ ㉲

VI. 인맥 쌓기

1. 인맥을 쌓기 위해 무엇을 해야 하는지 알고 있다.   ㉮ ㉯ ㉰ ㉱ ㉲

2. 인맥을 쌓기 위해 여러 가지 인맥 쌓기 도구를 활용한다.
   ㉮ ㉯ ㉰ ㉱ ㉲

3. 중요한 대화와 사소한 대화 모두에 참여한다.   ㉮ ㉯ ㉰ ㉱ ㉲

4. 속한 조직의 안팎에서 사람들이 내 가치를 알아준다.
   ㉮ ㉯ ㉰ ㉱ ㉲

■ 퀴즈 결과 해석

당신의 답변을 검토해 보자.

이 퀴즈 결과는 점수로 내는 것이 아니다. 중요한 것은 패턴이
다. 다음의 세 단계를 따라 보자.

1단계: ㉰ 그렇지 않다와 ㉱ 매우 그렇지 않다라고 답한 항목에
전부 동그라미를 친다. 그런 다음 그중 네 개를 〈표 4〉에 적어 넣
는다. 한 카테고리에 항목이 몰려 있을 수도 있고 여러 가지 카테
고리에 걸쳐 있을 수도 있다. 이 페이지에 포스트잇을 한 장 붙여
놓고 앞으로 책을 읽어 나가면서 자주 참조하도록 하자. 이러한 개

선 분야 혹은 약점을 유심히 살핀다면 구체적인 해결책들을 찾을 수 있고 이 책을 좀 더 유용하게 활용할 수 있을 것이다. 물론 각 리더십 분야에서 성공하기 위해서는 모든 방법을 익혀야 하지만, 부족한 분야에는 특별히 더 관심을 기울여야 한다.

2단계: 상사와 동료들에게 피드백을 요청하고, 당신이 속한 조직에서 더 중요하게 생각하는 분야가 무엇인지 알아보고, 그 분야를 개발하는 것을 우선순위로 삼는다. 당신이 이 분야에서 어떻게 대처하고 있는지 상사들이나 동료들의 피드백을 받아보면 도움이 된다.

3단계: 당신의 장점을 잊지 마라. 잘하지 못하는 것에만 너무 집중하다 보면, 이미 잘 처리하고 있는 분야가 있다는 사실을 잊어버리는 경우가 많다. 당신의 장점은 무엇인가? ㉮ 매우 그렇다와 ㉯ 그렇다라고 답한 질문에 모두 동그라미를 치고, 적어도 그중 4개를 5번 도표의 칸에 적어보자.

당신은 이러한 장점을 어떻게 이용하고 있는가? 예를 들어 당신이 다른 사람들과 공로를 나누는 것을(Ⅲ의 3번 질문) 잘한다면, 또 다른 업무 현장에서도 그 장점을 발휘할 수 있는가? 이미 잘하고 있다면, 그 장점을 활용해 한층 더 효율적인 리더가 되는 것이 좋지 않겠는가? 이 책을 읽어 나가면서 더 많은 사례들을 찾아보고 다른 사람들은 기존의 장점들을 어떻게 활용했는지 그 방법을 배워보자.

┃ 표 4. 약점 도표 ┃

그렇지 않다	매우 그렇지 않다

┃ 표 5. 장점 도표 ┃

그렇다	매우 그렇다

　다음 여섯 장에는 이 퀴즈의 내용을 차례로 나열해 놓았다. 각 장에서는 각 리더십 분야에 적용할 수 있는 다양한 도구들을 소개했으며, Part 3의 3장에서는 지속적인 발전을 위한 행동 계획을 완성하는 시간을 가져볼 것이다. 그 계획을 세우면서 이 퀴즈를 다시 참조해 보는 것도 좋다. 상사, 동료, 친구, 가족의 도움도 받아보자. 이 책에서 배운 교훈들이 당신이 가장 효율적인 내향적인 리더로 거듭나는 데 도움이 되길 바란다.

　그러면 첫 번째 직장 시나리오, 대중 앞에서 말하기부터 시작해보자.

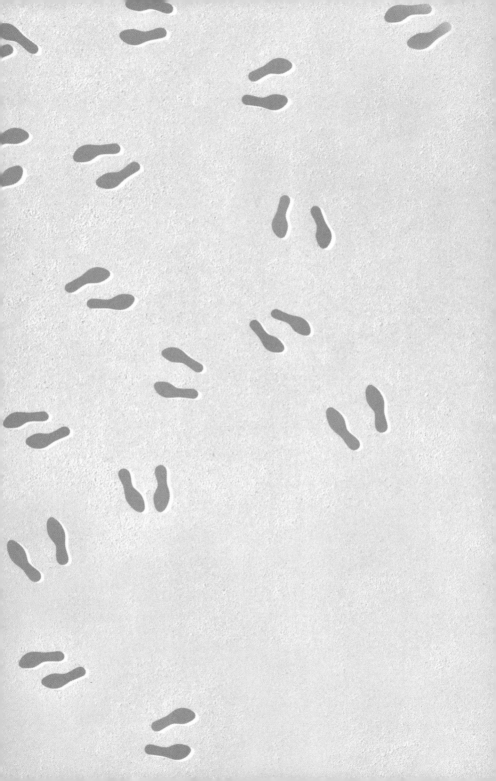

PART 2

있는 그대로의 성격에
'4P 리더십'을 더하라

The **Introverted** Leader

당신도 훌륭한
연설가가 될 수 있다
Public Speaking

때는 2000년도였다. 이사회에 연간 보고를 하는 순간이었고, 재무관리부 담당 부사장인 수전은 땀을 비 오듯 흘리고 있었다. 수전은 연단에 올라서기도 전에 구역질이 나기 시작했다. 땀에 젖은 양손을 꼭 쥐고 숨을 가파르게 내쉬며 파워포인트 슬라이드를 연이어 설명했고, 그렇게 20분이 지나자 수전은 안도의 한숨을 쉬었다.

이번에는 2007년도로 훌쩍 뛰어넘어보자. 새로운 회사에 새로운 이사진이 기다리고 있다. 음향팀이 마이크를 조정하자, 수전은 연단 앞으로 나와 줄지어 들어오는 청중을 차분히 지켜보며 살짝 미소를 지었다. 몇 년 전처럼 공포로 얼어붙는 일은 발생하지 않았다.

수전은 용기를 내어 사내의 토스트마스터 클럽(84쪽 추진 단계 참조)에 등록했고 3년간 꾸준히 참여했다. 이렇게 배운 기술과 자신감을 업무에 적용했고, 사람들 앞에서 연설할 기회를 하나도 놓치지 않았으며, 덕분에 경력 발전에 커다란 장애물이 될 수 있었던 약점을 극복했다.

워런 버핏은 사람들 앞에서 연설을 하는 것이 최고의 자산이 될 수도 있고 최악의 골칫거리가 될 수도 있다고 했다.[1] 당신도 과거의 수전과 같은 기분을 느껴본 적이 있는가, 아니면 얼마든지 당당하게 당신의 의견을 말하고 프레젠테이션을 할 수 있는가? 아마도 대부분은 그 중간쯤일 것이다. 사람들 앞에서 발표하는 것을 죽기보다 두려워하는 사람들이 얼마나 많은가.

내 수업을 듣는 내향인들은 자리에서 일어나서 자기소개를 하는 것에도 긴장한다. 그룹 앞에 나서서 발표해 달라고 하면 처음 몇 번은 목소리가 떨리고 손이 떨린다. 하지만 워런 버핏이 말했듯이 다양한 상황에서 의견을 조리 있게 말한다면 당신의 경력을 발전시킬 수 있다.

내향인이라고 해서 천재적인 연설가가 될 수 없는 것은 아니다. 배우가 역할에 몰두하듯, 당신도 맡은 역할을 훌륭하게 수행할 수 있다. 조직에 속한 리더나 직원으로서 당신은 사람들을 가르치고 정보를 알리고 설득해야 한다. 또한 사람들이 당신과 이야기를 나누고, 또 서로 간에 이야기를 나누도록 자극해야 한다. 그러한 기반을 마련하려면 해결해야 할 업무나 문제점을 제시하고, 당신의 아이디어를 내놓거나 경영진을 위해 결과를 요약해야 할 수도 있다. 그리고 이 모든 것을 하려면 어전 공연을 수행해야 한다.

어느 정도 위치에 오른 사람들은 대중 앞에서 말하는 것에 대한 두려움을 극복하기 위해 조치를 취해야 한다는 것을 안다. 훈련을 하고 나이키의 광고 슬로건인 '저스트 두 잇'에 따라 일단 과감하게 시도해 보는 것이 대중 앞에서 말하기의 성공 법칙 중 하나다.

세일즈맨 리처드 엘머스는 "내일 연설은 오늘 연설보다 훨씬 더 나을 것"이라고 말했다. 공포심에 얼어붙어 기회를 놓치기에는 인생이 너무 짧다. 사람들은 당신이 할 말을 들어야 한다. 왜 사람들에게서 그 기회를 빼앗는가? 좀 더 자신감 있고 유능한 연설가가 되기 위해 4P 리더십을 사용하는 법을 살펴보도록 하자.

💬 준비 단계

처음 기업 트레이너 일을 시작했을 때, 난 매일같이 프레젠테이션 준비에 매달렸다. 자료를 연구하고 예상 질문을 모조리 뽑아 보는 등 만반의 준비를 갖추고 회의장에 들어섰다. 물론 나는 자료 내용을 완전히 습득했지만 프레젠테이션에서 발생할 모든 상황과 모든 질문을 완벽하게 예상할 수는 없었다. 그 회사는 우리 팀과 함께 프레젠테이션 기술을 연구할 코치 한 명을 먼저 고용했고, 그 코치는 프레젠테이션 당일에 내가 긴장한 것을 알아채고는 강연대 앞으로 다가와 상냥하게 말했다.

"제니퍼, 당신은 이 자료를 완전히 숙지했어요. 그러니 편안하게 이 순간을 즐겨 봐요."

그 후로 몇 년간 그 말이 뇌리에 박혀 사라지지 않았다. 잘 준비해 둔 자료와 그보다 더 중요한 당신의 태도가 이루는 시너지야말로 프레젠테이션 성공으로 이어지는 승리의 비결이다.

▶프리젠테이션을 성공적으로 이끌 확실한 자료를 준비하라

첫째, 목적이 무엇인지 알아야 한다. 당신이 준비하는 프로그램의 목적을 알아야 한다. 청중에게 정보를 알려주는 것인가, 청중을 설득하는 것인가, 청중을 교육하는 것인가, 아니면 청중에게 동기를 부여하는 것인가? 당신은 청중이 무엇을 얻어 가길 원하는가? 왜 청중이 당신의 말에 귀를 기울여야 하는가? 당신이 강조하고 싶은 세 가지 주안점은 무엇인가? 이러한 주안점에 중점을 두고 다양한 예시들을 활용하자.

너무 많은 주안점을 늘어놓으면 청중이 듣기에 버겁다. 청중이 무엇을 기억하길 원하는가? 이 점을 앞으로 할 이야기의 기본 골격으로 삼아야 한다. 내향적인 당신은 자기성찰을 좋아하는 성격이므로, 그 성격을 살려 프레젠테이션 준비를 하기 전에 목적이 무엇인지 생각해 보자. 만반의 준비를 갖춘다면 청중 앞에 나서는 데 자신감을 가질 수 있다.

내가 아는 많은 내향적인 직장인들은 무대에 나갔을 때 너무 편안해 보여서 사람들이 자신이 내향인이라는 사실을 믿지 않는다고 했다. 이들이 편안하게 발표를 할 수 있는 비결이 바로 만반의 준비다.

둘째, 스토리를 말하라. 몇 년 전, 나는 토크쇼 진행자인 몬텔 윌리엄스가 행정 관리직 전문가들이 모인 한 모임에서 기조연설을 한다는 이야기를 들었다. 윌리엄스는 자신의 비서로 입사해 그가 운영하는 기업 중 한 곳의 회장으로 승진한 한 여성의 사례를 전하며 그 자리에서 그 주인공을 청중에게 소개했다. 정말 감동적인 순간이었고, 청중은 살아 숨 쉬는 롤 모델을 직접 눈앞에서 보고 감격을 금치 못했다.

사례에는 사람들의 마음을 사로잡는 힘이 있다. 동기부여 연설가든 회사 CEO이든 연설가가 이야기를 공유해 청중을 사로잡는 연설을 하는 것을 몇 번이나 들어보았는가? 리더가 개인적인 경험을 털어놓아 자신의 주장을 입증하는 것을 본 적은 몇 번이나 되는가? 청중이 납득하도록 스토리텔링 기법을 사용하는 것은 당신 역시 마스터할 수 있는 기술이다.

스토리텔링은 슬라이드를 줄줄 읽는 것보다 훨씬 더 효과적으로 당신이 전달하고자 하는 요점을 청중에게 전달해 준다. 다행스럽게도 당신도 의견을 훨씬 더 강력히 납득시키기 위해 스토리텔링을 준비하고 리허설할 수 있다. 스토리텔링은 늘어지는 프로젝트를 붙

들고 있는 팀원들에게 동기를 부여하는 데 사용할 수도 있고, 고객들이 당신의 제품을 구매하도록 설득하는 데 사용할 수도 있다. 오늘날 스토리텔링은 성공적인 프레젠테이션을 수행하는 비결이다.

스토리텔링 전문가인 아네트 시먼스는 이렇게 말했다.

"커뮤니케이션을 한입 크기로 귀에 쏙쏙 들어오게 만들다 보니 인간의 존재는 뒷전으로 밀리는 경우가 많은데, 그로 인해 커뮤니케이션은 지나치게 단순해지고 짧아지고 짜증스러워졌다. 이런 하위 목표들이 진짜 목표인 인간적인 교감을 흐려버리는 경우가 발생하는 것이다. 커뮤니케이션에 말하는 사람의 뚜렷한 개성을 불어넣지 않는다면 진정성을 느낄 수가 없다. 커뮤니케이션을 할 때는 당신의 본래 모습을 보여주어야 한다. 포장하고 꾸민 당신이 아닌 진정한 당신을 말이다.

커뮤니케이션이 실패로 돌아간다면 거기에 인간성이란 요소가 빠졌기 때문이다. 이것은 쉽게 바로잡을 수 있다. 당신이 보내는 모든 커뮤니케이션에 인간성을 불어넣으려면, 더 많은 스토리텔링을 하면 된다. 그러면 당신의 본모습이 나타나기 마련이다. 당신의 커뮤니케이션에 인간적인 면모가 나타날 것이다."[2]

우리 모두가 타고난 이야기꾼은 아니지만 훌륭한 스토리텔링 기법을 배울 수는 있다. 우리 주변에는 미디어, 책, 영화, 텔레비전 등 이야깃거리가 수도 없이 많다. 하지만 나는 가장 효과적인 이야기는 우리의 경험에서 우러나온 것이라고 생각한다. 특히 자신의 약점을 드러내면 더욱 효과적이다. 이렇게 할 경우 청중과 교감할 수 있다.

몇 년 전 나는 가족들과 함께 급류 래프팅을 하러 간 적이 있다. 내 남편 빌이 보트에서 떨어졌는데 래프팅을 하기 전에 꽁지머리를 한 믿음직스러운 가이드의 말을 대충 흘려들은 탓에 나는 남편을 구조하는 과정에서 하마터면 목을 졸라 죽일 뻔했다.

나는 청중에게 경청의 중요성을 강조할 때 이 이야기를 자주 한다. 사건 당시에는 재미있는 일이 아니었지만, 시간이 점차 지나고 당시의 상황을 되짚어 보면서 깨달은 교훈을 접목시키자 사람들이 공감할 만한 이야깃거리가 된 것이다. 당신도 할 수 있다. 당신이 전달하고 싶은 요점은 무엇인가? 당시 어떤 일이 벌어졌는가? 당시 맡았던 냄새, 보았던 풍경, 들었던 소리까지 생생하게 전달하자. 이렇게 하면 청중이 당신의 이야기에 몰입할 수 있다.

나는 지금도 스토리텔링에 열성적이어서 작은 수첩을 항상 가지고 다니며 그날 있었던 일과 관찰한 것들을 적어놓는다. 눈을 크게 뜨고 주위를 둘러보면 당신도 이야기가 되길 기다리는 이야깃거리들을 발견할 수 있을 것이다.

셋째, 파워포인트는 이제 그만. 파워포인트가 훌륭한 도구이긴 하지만, 너무 많은 사람들이 파워포인트를 남용하고 파워포인트에 지나치게 의존하고 있다. 슬라이드에 주르륵 중요 항목들을 나열해 놓고, 청중이 읽을 수도 있는 것을 굳이 발표자가 고스란히 읽어주기만 하는 방식은 사람들의 관심을 끌지 못한다.

캐나다 델의 마케팅부 관리자인 케빈 스미스는 파워포인트의 폐해를 잘 요약해 주었다.

"청중은 전문가가 어떤 문제점을 해결하는 방법을 이야기해주길 바라는 것이지, 파워포인트의 슬라이드를 줄줄 읽는 '파워포인트 낭송'을 하길 원하는 것이 아니다."

파워포인트 대신 사진이나 다른 이미지들, 질문, 키워드, 오디오 등을 이용해 이야기를 강조해 보자. 클리프 앳킨슨은 그의 웹사이트 www.beyondbulletpoints.com에 이러한 종류의 프레젠테이션을 수행하는 방법들을 다양한 예시를 들어 설명해 놓았다.

내가 아는 한 자산 관리사가 연설을 할 때 군이 파워포인트를 사용하길 원하기에 나는 청중으로 하여금 개요가 적힌 유인물에 필기를 하도록 하고 온라인에 나머지 자료를 올려놓으라고 제안했다.

프레젠테이션의 슬라이드로는 세 가지 주안점만 보여주는 것이 좋다. 나머지는 청중이 이야기를 들으면서 자신에게 중요하다고 생각하는 점들을 적게 하는 것이다. 그러면 청중은 강사의 이야기를 더 잘 기억할 것이고 자세한 자료는 나중에 온라인상에서 찾아 볼 수 있다.

강연장에서 무수한 자산 관리 정보를 늘어놓는다 해도 청중은 다 기억하지 못한다. 청중은 내가 제안한 방식을 좋아할 것이며, 이 방식을 사용하면 당신의 프로그램에서 더 많은 것을 얻어갈 것이다.

▶프레젠테이션용 '나'를 준비하라

첫째, 두려움을 정복하라. 대중 앞에서 말하는 것을 두려워하는 것은 내향적인 사람들뿐만이 아니다. 이러한 두려움은 고개를 젓거나 손바닥에 흥건하게 땀이 고이거나 다리가 덜덜 떨리는 신체적인 증상으로 나타난다. 외향적인 사람들은 타인과의 대화를 좀 더 편안히 수행할 수 있기 때문에 무대에 나가서도 그러한 대화 기술이 통할 거라고 생각하기도 한다.

하지만 여러 사람 앞에서 이야기할 때는 다른 기술이 필요하다. 프레젠테이션에서 즉흥적으로 대처할 수 있는 사람은 거의 없으며 그래서도 안 된다. 내향인의 심사숙고하는 성격이 여기서 도움이 된다. 사람들 앞에 나서는 두려움을 심사숙고해보면 프레젠테이션에 집중해 준비하는 데 도움이 될 것이며, 좀 더 자연스럽게 프레젠테이션을 수행할 수 있다.

자신감 있게 연설을 하려면 마음을 다잡고 불안한 감정을 이용해야 한다. 현재에 충실하고 청중과 교감하는 것이 비결이다. 당신이 예상하지 못한 반응이 나왔을 때는 더욱 그러하다.

인정하자. 청중의 반응을 예상하는 것은 어렵다. 몇 달 전 나는 프레젠테이션을 하다가 청중의 반응이 영 시원치 않다는 점을 알아챘다. 그래서 연단에서 벗어나 앞으로 나갔더니 반응이 확 달라졌다. 나는 연단 앞에만 서서 좀 더 편안하게 가려고 요령을 피웠던 것이고, 그러자 청중은 날 연설가가 아닌 평범한 사람으로 보았던 것 같다. 당신의 직감에 좀 더 귀를 기울이자. 그러면 어떠한 상황에서도 유연하게 대처할 수 있다.

『자신감 영역(The Confidence Zone)』을 저술한 작가이자 전문 강연가인 스콧 매스틀리는 내게 이렇게 말했다.

"연설가라면 누구나 청중 앞에 서서 이야기를 시작하기 전에 초조해하지만, 최고의 연설가들은 과거에 성공한 케이스들과 그동안 해온 준비, 그리고 가치를 아는 청중에게 가치 있는 메시지를 전달하는 데서 느끼는 보람을 상기하며 그러한 불안한 기분을 이용해 더 큰 열정을 불태웁니다."

둘째, 시각화하라. 어느 날 수업이 끝난 후 마니가 날 찾아와 조언을 구했다. 마니는 제약회사 외판원이라 의사 및 병원 관계자들 앞에서 브리핑을 할 일이 많았다. 게다가 마니는 내향적인 사람이었다.

최근 마니는 커다란 회의실에서 발표를 해야 했다. 그는 이보다 규모가 작은 브리핑을 수행할 때는 불안감을 잘 조절했다. 그럼에도 불구하고 수많은 청중을 보자 겁을 집어먹었다. 너무나도 두렵고 끔찍한 기분이었다고 했다. 앞으로 그러한 불안감을 조절하려면 어떻게 해야 할까?

내가 마니에게 제안한 방법은 시각화라는 아주 효과적인 기술이다. 타이거 우즈 같은 스포츠 영웅들이 애용하는 방법이기도 하다. 고등학교와 대학교의 운동 코치들도 이 기술을 활용해 훌륭한 성과를 내고 있다.

그 방법은 이렇다. 프레젠테이션을 하기 전에 편안하고 조용한 장소로 가서 프레젠테이션을 하는 자신의 모습을 상상해 보는 것이다. 먼저 몸의 긴장을 풀고 부정적인 생각을 버린다.

MP3 플레이어에 저장해 둔 마음을 진정시키는 음악을 듣는 것도 좋다. 그런 다음 강의실 안에서 프레젠테이션을 하는 자신의 모습을 그려보자. 프레젠테이션에 귀를 기울이는 청중의 얼굴, 미소, 그들이 던지는 질문, 그리고 자신이 분명하고 설득력 있는 답변을 하는 모습까지. 이렇게 시각화를 하면서 느낀 기분 좋은 감정은 실제 프레젠테이션을 하는 순간까지 지속될 것이다. 당신의 두뇌가 차분하고 긍정적으로 변화했기 때문이다.

시각화는 기술이다. 연습을 할수록 능숙해진다. 물론 도무지 시각화를 할 수 없다고 하소연하는 사람들도 있는데, 당신이 그런 경우라도 걱정할 필요는 없다. 모든 기술이 모든 사람에게 다 효과적이진 않으며, 천천히 심호흡을 하는 방법같이 불안을 가라앉혀 줄 다른 방법들을 찾아보면 된다.

셋째, 에너지를 충전하라. 프레젠테이션 전에는 결의를 북돋우고 시각화 연습을 하고 마음가짐을 다잡아 준비하는 것이 중요하다. 하지만 마음뿐 아니라 몸도 준비해야 한다는 점을 잊지 말자. 연설을 하기 전에 천천히 심호흡을 하면 머릿속을 차분하게 가라앉히는 데 도움이 된다.

걷거나 몸을 움직이는 다른 운동을 하면 혈액 순환이 되어 에너지가 순환한다. 이는 프레젠테이션에서 좀 소극적일 수도 있는 조용한 성격의 소유자들에게 도움이 될 수 있다. 이러한 조치들을 취하면 좀 더 정신이 맑아지고 활기찬 기분을 느끼게 될 것이다.

프레젠테이션 당일에는 아침식사를 충분히 하고 휴식을 취하는 것도 좋다. 연수회에 참석하는 중이라면 휴식시간에 간단하게 먹을 수 있는 건강 간식을 챙겨가도록 하자. 수분이 부족하지 않도록 물을 넉넉히 마시고 카페인은 삼가자.

넷째, 리허설을 하라. 녹음기를 틀어놓고 큰 소리로 프레젠테이션을 연습해 보자. 캠코더로 녹화를 해도 좋다. 자신이 하는 말을 유심히 들어보고 억양은 어떤지, 어떤 단어를 강조하는지, 어디서 멈추는지, 타이밍은 어떤지 체크하자. 중간 중간 쉬어가며 나눠서 연습해도 괜찮다. 프레젠테이션 전체를 한꺼번에 녹음한 뒤 한번에 다 검토해 보려면 지루할 수 있기 때문이다.

리허설을 해보면 그 효과에 깜짝 놀라게 될 것이다. 실제 프레젠테이션 당일이면 종이에 적힌 단어들이 생생하게 살아나 더 자연스러운 연설을 할 수 있을 것이다. 연설 코치들은 연설 실력을 지속적으로 개선하려면, 그리고 이러한 프레젠테이션을 다시 한 번 해야 하는 것이라면, 실제 프레젠테이션도 녹음해 나중에 들어보라고 조언하고 있다.

해외 수요 관리부의 관리자인 레이 샌 패스쿠얼은 같은 회사의 마케팅부 관리자에게 "연습하고, 연습하고, 연습하라."는 조언을 들었으며 정말로 연습을 하면 달라진다고 했다. 연설이 매끄러운 정도를 보면 그 사람이 연습을 했는지 하지 않았는지를 알 수 있다. 연습을 하지 않은 사람들은 말을 더듬고 배정된 시간을 초과하기 일쑤다.

다섯째, 일찍, 일찍, 일찍 도착하라. 어느 내향적인 마케팅 연구원은 자신이 프레젠테이션을 할 때 일찍 도착하는 것에 중점을 두는 이유를 말해 주었다.

"저는 일찍 도착해요. 정말, 정말, 정말, 정말 일찍요. 그러면 메모를 다시 훑어보거나, 잡지를 읽거나, 그냥 멍하니 앉아 있을 수 있죠. 게다가 차가 막히거나 집에서 나오려는 찰나에 전화가 와서 늦을까 봐 스트레스를 받을 일도 없고요. 그리고 회의 기획자들이 강연장에 도착하면 내가 먼저 와 있는 것을 보고 강연자가 제때 오지 못할까 봐 걱정할 일이 없으니 좋아하고 내게 친절하게 대해줘요. 내가 시간적 여유가 있으니 그 사람들 일을 조금 도와줄 수도 있고, 그러면 그 사람들은 내게 고마워하고 친근감을 느끼게 되기 때문에 강연장에서 무언가를 바꿔야 할 때도 서로 얼굴 붉히지 않고 수월하게 처리할 수 있어요."

🗨 존재감 단계

이제 당신은 준비를 마쳤다. 이제 앞에 나서야 할 때다. 무대 위에서 존재감을 두드러지게 보여줄 최선의 방법을 알아보자.

　나는 성공한 내향적인 리더들과 존재감에 관한 이야기를 나누면서 존재감을 드러내는 데는 세 가지 주요 방법이 있다는 점을 깨달았다.

▶청중과 교감하라

　마케팅 컨설팅사 에덜먼의 선임 부사장 매릴린 모블리는 프레젠테이션 기술을 코치하고 미디어 트레이닝도 한다. 매릴린은 "사람들은 엿듣기를 좋아한다."며 이런 조언을 해주었다.

　"청중 중에 한 사람만을 쳐다보며 이야기하면 다른 청중 모두 당신이 그 사람에게 하는 말이 무엇인지 관심을 기울이기 마련이에요. 그러니 중요한 이야기를 할 때는 한 사람을 선택해 그 사람과 눈을 맞추고 이야기를 한 다음, 또 다른 사람으로, 그리고 또 다른 사람으로 계속 옮겨가세요. 당신과 눈을 맞춘 사람들뿐 아니라 청중 전체에 굉장한 영향력을 발휘하게 될 겁니다."

　세일즈 트레이너인 리처드 엘머스는 이렇게 말했다.

　"내가 지금 무엇을 하고 있고 무엇을 말하고 있는지만 생각하다가 청중이 지금 무엇을 받아들이고 있는지를 생각하기 시작했더니 모든 것이 달라졌습니다. 이젠 예전만큼 초조하지 않고 더 능숙해졌죠." 마케팅 운영 부서의 관리자인 캐시 암스트롱 리는 청중을 끌어당기는 방법을 배운 어느 CFO(Chief Financial Officer: 최고 재무책임자)

의 이야기를 생생하게 전해 주었다.

"그 사람은 연단 앞에 서서 꼼짝도 하질 못했어요. 고개를 푹 숙이고 마이크에 대고 준비해 간 내용을 줄줄 읽기만 했죠. 완전 수면제였어요. 휴식시간이 따로 필요 없을 정도였다니까요. 그런데 코칭을 받고 연습을 하고, 슬라이드에서 수많은 세부 사항들을 가지치기하는 데 많은 노력을 기울이더니 1년이 지나니까 소형 마이크를 사용하고 간간이 무대 앞으로 걸어 나올 정도로 자신감이 향상되었더라고요. 그리고 청중이 참여한 덕분에 회사의 이익에 도움이 되었대요. 청중에게 행동할 것을 요구하고 그 방법을 제시했더니 청중이 마침내 그를 이해했다면서 행동하라는 그의 요구에 에너지를 얻었다고 하더래요. 그저 재무 보고서를 줄줄 읽을 때는 상상할 수도 없었던 결과죠."

▶목소리를 활용하라

전화 통화를 많이 하는 사람들은 상대방의 목소리를 '읽는' 방법을 알 것이다. 상대방이 서두르고 있는지, 피곤한지, 아니면 정말로 당신의 말에 귀를 기울이고 있는지, 아니면 그러는 척만 하는지를 구분할 수 있다.

우리가 숨을 쉬는 방법이 우리의 목소리에 영향을 미친다. 유명한 목소리 코치 르네 그랜트 윌리엄스는 이렇게 조언했다.

"얕은 숨을 쉬면 숨이 차고 약한 목소리가 나옵니다. 목이 긴장하면 성대가 뻣뻣하게 경직되어 목소리가 잘 나오지 않고 성대를 쉽게 다칠 수가 있습니다. 그리고 성대의 울림을 차단하고 성대의 탄력을 저하시키죠. 복식호흡을 하면 몸과 성대가 자유롭게 진동할 수 있기 때문에 더 풍부하고 꽉 찬 목소리를 낼 수 있습니다."[3]

중간에 말을 멈추는 것 또한 목소리를 활용해 효과를 볼 수 있는 방법 중 하나다. 내향적인 사람들은 외향적인 사람들보다 침묵을 덜 두려워하므로, 이러한 장점을 이용해 볼 수 있다. 요점을 말하기 전에 잠시 말을 멈춘다면 청중은 당신에게 관심을 갖고 무슨 말이 나올지 기대한다. 잠시 말을 멈춘 뒤 요점을 말하면 청중은 더 쉽게 이해하고 받아들인다. 르네 그랜트 윌리엄스는 "연설은 은이요, 침묵은 금이요, 효과적인 멈춤은 순수한 백금"이라고 했다.[4]

연설가이자 트레이너인 케빈 호스트는 "중요한 부분, 청중이 기억하고 행동에 옮기길 바라는 요점을 말한 후에 여러 박자를 쉬는 것이 좋다."고 조언했다. 하지만 외향적인 사람들을 대할 때는 이 방법을 조심해서 사용해야 한다. 한 관리자는 프레젠테이션에서 중간에 자주 말을 멈췄더니 외향적인 상사가 눈에 띄게 조급해하더라고 털어놓았다. 그러니 청중의 성향에 따라 융통성 있게 사용해야 한다는 점을 명심하자.

이제 목소리가 커뮤니케이션에서 인상의 85%를 형성한다는 점을 알았으니, 목소리 조율하는 법을 알아보자. 당신이 갈릴레오 프로젝트에 대해 상사에게 브리핑을 하기로 했는데, 새벽 3시에 아기가 잠에서 깬 우유를 달라고 보챈다고 해보자. 잠을 푹 자지 못해 내일 아침 목소리가 잠길 것 같다. 가슴 속에 남아 있는 공기를 끌어내고 다시 공기를 들이마셔 천천히 심호흡을 해보자. 에너지가 다시 들어차는 과정을 느껴보라. 이렇게 연습을 해 보면 에너지를 발산하고 좀 더 효과적으로 목소리를 활용할 수 있을 것이다.

▶보디랭귀지를 이용하라

내가 처음으로 트레이닝 세션을 녹화할 당시, 나는 손에 플립 차트 펜을 들고 그걸로 캐치볼을 했다. 나는 그 사실을 전혀 인식하지 못한 채 왼손에서 오른손으로 펜을 주고받았다. 녹화한 화면을 보니 내 주옥같은 지혜의 말에 눈과 귀를 집중한 청중은 거의 없었다. 다들 메트로놈처럼 펜을 주고받는 내 손동작만 따라가고 있었다.

마케팅 연구원인 웬디 키니는 일찍이 이를 언급하며, 무대 위에서 존재감을 보여주려면 자세가 중요하다는 점을 강조했다. 이 책에 등장하는 수많은 내향적인 리더들과 마찬가지로 웬디는 이런 방법을 사용한다고 했다.

"그날 자신이 되고 싶은 사람을 한 명 선택해 그 사람이 됩니다. 즉 롤 모델을 정해 그 사람처럼 머리를 들고, 그 사람처럼 어깨를 펴죠. 처음 이 기술을 배웠을 때는 오프라 윈프리를 자주 모델로 삼았어요."

📢 추진 단계

준비와 존재감 단계에서 이야기한 전략 중 일부가 추진 분야의 전략과 겹칠지도 모른다. 내향적인 사람들의 입에서 나온 아이디어를 몇 가지 더 추가해 보았다.

▶기술을 늘리는 데 진지하게 임하라

사람들 앞에서 발표하는 두려움을 극복한 사람들이 가장 많이 하는 조언은 "토스트마스터 클럽에 가입하라!"는 것이었다. 토스트마스터(www.toastmasters.com)는 92개국에 지부를 두고 있는 전 세계적인 비영리 기관이다. (한국에도 토스트마스터 지부가 있다. 서울, 부산, 천안, 대전, 진주, 수원, 여수에서 토스트마스터 동호회 모임이 열리고 있으며 한국에서는 주로 영어로 연설하는 연습을 한다—옮긴이)

이 기관의 임무는 사람들이 청중 앞에서 좀 더 자신감 있고 편안해질 수 있도록 돕는 것이다. 전혀 위협적이지 않은 분위기에서 지속적인 피드백을 받으며 매주 연설을 하다 보면 대중 앞에서 발표하는 기술을 기를 수 있을 것이다. 물론 실력을 향상시키려면 모임에 꾸준히 참석해야 한다.

▶독창성을 발휘하라

약간의 창조성만 발휘해도 큰 도움이 된다. 프레젠테이션에 활기를 불어넣을 기회를 찾아보자. 앞에서 중요 항목을 나열한 파워포인트 슬라이드 대신 여러 이미지를 사용해 보라고 조언한 바 있다.

나는 여러 기업에서 강연을 하는 드라마 〈사인펠드〉의 작가 팻 헤일리의 유머러스한 강연에 참석한 적이 있다. 그는 1960년대부터 시작되는 가족사진을 보여주어 우리를 배꼽 잡게 했다. 이 사진에는 그의 주장을 뒷받침하고 청중을 끌어당길 수 있는 스토리가 담겨 있었다.

내 기억엔 아직도 할로윈 때 찍은 그의 형제, 자매들의 사진이 생생하다. 팻은 여동생들의 마녀 복장을 재활용해 남동생들의 마법사 복장을 만들었다고 했다. 달리 선택의 여지가 없었던 것이다. 그 즉시 나는 어린 시절 할로윈 때 입었던 특이한 의상, 특히 엄마가 내게 옛 소련이 발사한 스푸트니크 로켓 모양의 의상을 입혔을 때가 떠올랐다. 이렇게 청중과 교감을 나눈다면 프레젠테이션에서 당신이 원하는 효과를 얻는 데 도움이 된다.

잡지 만화란을 이용해 청중에게 말풍선에 들어갈 말을 만들어 보라고 요청해 볼 수도 있다. 이런 방식을 사용하면 청중에게서 독창적인 응답들을 이끌어낼 수 있다.

내 동료이자 능수능란한 대중 강연가인 마티 머서는 최근 그가 연설한 한 회의에서 사용한 추진 전략을 이야기해 주었다. 마티는 연설 전날 밤에 도착했다. 그리고 사진기를 들고 호텔 근처를 거닐면서 회의 참가자들의 사진을 찍었다. 그날 밤 마티는 사진을 컴퓨터에 저장해 슬라이드로 만들었다. 연설 시간에 그가 익살스러운 코멘트와 함께 그 사진들을 보여주자 청중은 완전히 연설에 몰두했고 처음부터 마티와 교감했다.

웬디 키니 또한 청중의 참여를 이끌어내기 위해 미리 계획한다. 그녀는 주목받는 것을 좋아하는 사람을 고른다. 그런 사람을 알아보기는 쉽다. 그들의 일화와 이야기에 귀를 기울인 다음 그 이야기를 프레젠테이션에서 사용해도 되겠느냐고 물으면 화색을 띠며 좋아한다는 것이다. 어쩌면 웬디는 점심식사를 하다가 "오, 그 이야기를 꼭 다른 사람들과 나누고 싶네요. 15분쯤에 호명할 테니 그이야기를 해주겠어요?"라고 부탁할지도 모른다. 웬디는 프레젠테이션을 할 때 자신이 청중을 감쪽같이 속이는 마술사가 된 기분이라고 했다.

👆 연습 단계

편안하게 연설하기 위해 여러 가지 편법들을 사용할 수 있지만, 연습이야말로 당신의 최고 실력을 드러내게 해줄 마법이다.(표 6 참조) 대중 연설에 숙달하기 위해 행해야 할 주요 조치들에는 무엇이 있을까? 연설하고, 연설하고, 또 연설하는 것이다. 연설에 익숙해지고 연설 기술을 개선하기 위해서는 연설할 기회를 하나도 놓치지 말아야 한다. 다음 직원회의 때 최근 트레이닝 수업에서 들은 내용을 간략하게 설명하겠다고 제안해 보는 건 어떨까? 회의 시간에 전시 부스들을 방문하면서 알아낸 업계의 경쟁력 있는 트렌드를 팀원들에게 알려주는 건 어떨까? 함께 회의를 진행하는 팀원들에게 진행 중인 프로젝트의 현 상황을 보고하겠다고 상사에게 말해 보는 건 어떨까? 앞에 나서서 이야기를 할 기회는 주변에 널렸다. 사람들에게 당신의 연설을 들려주고 항상 피드백을 구하라. 연습은 어렵고 불편하지만, 실력을 향상시킬 수 있는 유일한 방법이다.

▌ 표 6. 대중 연설 연습 ▌

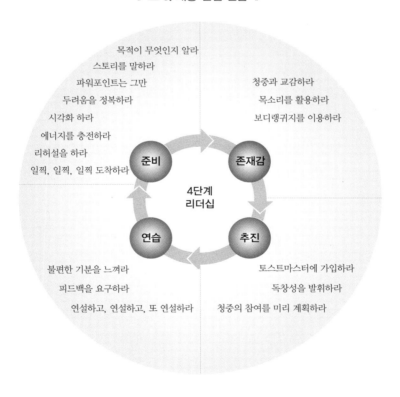

리더십과 어울리는 성격
믹스매치하기
Managing and Leading

나는 며칠간 어느 제조업체 현장에서 컨설턴트로 근무할 당시 긴장이 감도는 분위기를 감지했다. 중역들이 공장에 시찰을 나와 있었고, 직원들은 신경이 잔뜩 곤두서 있는 것 같았다. 이전부터 구조조정이 있을 거라는, 특히 교대조가 줄어 초과근무를 할 기회가 줄어든다는 소문이 돌고 있었다. 나는 제조업체 부사장이 휴게실로 걸어 들어가는 모습을 지켜보았다. 그는 열성적으로 직원들 개개인과 이야기를 나누었다. 그가 직원들에게 질문을 던지는 것을 들었는데, 그의 주의 깊은 보디랭귀지에서 진심이 느껴졌다. 그는 어느 젊은 직원에게 "어머님은 좀 어떠신가?" 하고 물었다. 그러자 젊은 직원은 어머니가 작년에 걸린 질환에서 점차 회복되고 있다고 대답했다. 그는 휴게실을 돌아보며 이와 비슷한 대화를 계속했다.

그날 오후 카페테리아에서 열린 공식 회의 때 그 부사장은 회사의 현 상황을 솔직하게 전달한 다음, 직원들에게 질문을 받았다. 그는 직원들을 깔보거나 무시하지 않았으며 직면한 문제점들을 대충 얼버무리고 넘어가려 하지도 않았다. 오히려 직원들의 우려에 귀를 기울이고 회사의 상황을 지속적으로 알려주겠다고 약속함으로써 초과근무 문제를 직접적으로 짚고 넘어갔다. 부사장이 바깥에서 대기하고 있는 차로 걸어가자, 나는 직원 몇 명에게 그에 대한 인상을 물어보았다. 직원들은 이구동성으로 "멋있는 사람"이라고 대답했다.

이 남자는 존재감을 발휘할 줄 아는 것이다! 그는 직원들을 관리하는 데 있어 무엇이 중요한지를 알고 있었다. 바로 직원들은 톱니바퀴의 톱니보다 더 나은 취급을 받길 원한다는 점이다. 직원들은 상사가 자신을 중요한 사람으로 대해 주길 바란다. 직원들이 가장 중요하게 생각하는 사안들(사적인 것과 직장 관련된 것 모두)에 진심으로 귀를 기울이고 진실한 관심을 보여준다면, 직원들과 신뢰를 쌓고 솔직한 커뮤니케이션을 나눌 수 있다.

누군가 당신의 삶과 당신의 업무에 대해 진심 어린 관심을 보여주었을 때 어떤 기분이 들었는지 기억하는가? 그 사람이 당신의 대답에 귀를 기울여줄 때, 어쩌면 당신은 그 사람의 관심을 독차지한 듯 우쭐한 기분이 들었을지도 모른다. 상대방과 진심으로 함께 할 줄 아는 이런 능력은 효과적인 리더의 특징 중 하나다.

내향적인 사람들은 단체로 이야기를 나누는 것보다 일대일로 이 야기를 나누는 것이 더 편하다는 이야기를 자주 한다. 다양한 주 제로 이야기를 나누기보다는 깊이 있는 이야기를 나누고 상대방의 이야기를 잘 들어준다는 평가를 받기도 한다. 어려운 것은 대화의 물꼬를 트는 것이다. 사소한 것부터 시작해 보면 좋다. 이름을 물 어보자. 자녀나 애완동물이 있는지 등 여러 가지 질문을 던져 대화 를 이어 나가자. 상대방이 강하게 공감하는 관심사나 걱정거리를 던지면, 그 순간부터 대화는 술술 풀려 나가기 마련이다.

두 가지만 주의하자. 상대방이 다그친다고 느낄 정도로 많은 질 문을 던지면 안 된다. 그리고 상대방의 답변에 진심으로 귀를 기울 여야 한다. 질문을 던지자마자 다음 질문을 생각하거나 다른 사람 에게 관심을 돌려버리는 사람들이 많은데, 절대 그러면 안 된다.

처음 만난 사이에 "어머님은 어떠십니까."와 같은 안부 대화는 상대방이 불편해할 수 있다. 상대방이 머뭇거리거나 아예 대답을 회피할지도 모른다. 괜찮다. 당신은 대화의 바퀴에 기름칠을 하고 있는 것이며, 다른 바퀴보다 더 많은 기름을 칠해야 돌아가는 바퀴 도 있기 마련이다. 인내심을 갖자. 한 번에 한 사람과 한 번의 대화 를 나누며 관계를 쌓다 보면 눈에 띄는 성과가 나타날 것이다.

존재감은 잠시 후 다시 살펴보기로 하고, 우선은 리더십과 내향적인 성격의 관계를 살펴보도록 하겠다. 나는 이 주제에 대한 수많은 연구 내용을 검토하면서 외향적인 사람들이 내향적인 사람들보다 더 훌륭한 리더가 된다는 구체적인 증거는 단 하나도 발견하지 못했다. 구체적으로 내향적인 성격을 연구한 논문들은 얼마 되지 않으며, 따라서 이 주제에 대해 더 탐구할 만한 여지가 무궁무진하다. 예를 들어 시 행정 담당관들의 적응성을 연구한 논문이 하나 있는데, 이 논문 연구자들은 내부 지향적이고 사색적이며 행동하기 전에 깊이 생각하는 내향적인 담당관들이 더 오랫동안 임기를 유지하는 경향이 있다는 결론을 내렸다.[1]

성공한 리더의 특징을 나열한 책과 기사들도 굉장히 많다. 나는 고객들의 이야기를 들어본 결과 훌륭한 상사란 대니얼 골먼이 『SQ 사회지능』이란 저서에서 제시한 것과 비슷한 특징을 가지고 있다는 사실을 확인했다.[2] 훌륭한 상사는 직원들의 말을 잘 듣고 직원들을 격려해 주며, 의사소통이 원활하고 용감하다. 유머감각도 있고 사람들과 교감할 줄 알며, 결단력이 있고 책임감이 있으며, 겸손하고 권위적이지 않다.

반면에 최악의 상사는 벽창호처럼 꽉 막혔으며, 남을 의심하고, 속내를 보여주지 않고, 위협적이다. 성질이 고약하고 자기중심적이며, 우유부단하다. 잘못을 남 탓으로 돌리고 거만하며 남을 불신한다. 내향적인 사람과 외향적인 사람 모두 둘 중 어떤 카테고리에도 속할 수 있다. 어쩌면 내향적인 사람들이 남의 말을 경청할 줄 아는 특징을 보이는 경우가 더 많고, 외향적인 사람들이 유머감각 같은 특징을 보유한 경우가 더 많을지도 모른다. 하지만 이러한 특징들은 서로 믹스매치할 수 있다. 내향적인 사람도 외향적인 사람처럼 유머감각을 발휘할 수 있다. 내향적인 워런 버핏은 묘비에 어떤 비문을 새기고 싶냐는 질문에 살짝 미소를 지으며 대뜸 이렇게 대답했다. "아이구, 오래도 살았네!"[3]

이 장에는 조직 내에서 성공적인 리더가 되는 방법에 대한 내용을 담았다. 내향적인 리더와 외향적인 리더 모두에게서 배운 교훈에서 뽑은 내용들이다. 이들이 제시한 방법과 도구들이 4P 리더십과 얼마나 맞아떨어지는지 한번 살펴보자.

💬 준비 단계

새롭게 관리자 역할을 맡는 것은 대부분의 사람들에게 두렵고도 흥미진진한 일이다. 한편으로는 그동안의 실적을 인정받은 것 같아 기쁘기도 하고, 다른 한편으로는 과연 그 일을 해낼 수 있을지 걱정스럽기도 하다. 또 그동안 잘하던 일을 그만두고 새로운 세계로 들어서서 모험을 한다는 데 우려를 느끼기도 한다.

스튜어트 스토크스가 작성한 〈정보 시스템 매니지먼트의 가장 힘든 과도기〉라는 제목의 기사(주로 내향적인 사람들을 겨냥한 내용이다)가 이를 잘 표현해 준다.[4]

"'가장 힘든 과도기'를 견뎌낸다는 것은 첫째, 자신이 아는 것,

좋아하는 것, 굉장한 업무 만족과 자부심을 안겨 주던 것을 일부 포기해야 한다는 의미다. 둘째, 자신이 모르는 것, 좋아하게 될지 확신할 수 없는 것, 그리고 업무적 만족도와 자부심을 안겨주지 않을지도 모르는 일을 해야 한다는 의미다. 셋째, 확실하고 구체적이고 해답이 있는 업무를 그만두고, 모호하고 애매하고 무엇보다도 해답이 없는 업무와 도전 과제들을 수행해야 한다는 의미다."

관리직으로 넘어가는 과도기에 '이렇게 해야 한다'는 규칙 같은 것은 존재하지 않지만, 트레이닝과 코칭, 멘토링을 통해 성공 가능성을 높일 수 있다. 관리직으로 옮겨야 할지 여부를 결정할 때도 트레이닝과 코칭, 멘토링을 이용해 보도록 하자. 관리직으로 승진하는 것을 원하지 않는다면 거절해도 괜찮다.

준비 단계에서 고려해야 할 네 가지 요소가 있다. 아래 제시된 요소들을 살펴 만반의 준비를 해보자.

▶자신감은 부하 직원들에게도 전파된다

가장 다루기 어려운 사람은 바로 자기 자신이란 말이 있다. 다른 사람들을 관리하려면 우리 자신부터 관리하는 법을 익혀야 한다. 얼마나 지당한 말인가! 자신을 안다는 것은 자신이 가진 장점과 약점을 파악한다는 의미다. 이렇게 자기 인식을 해야 리더로서 장점을 활용하는 법과 약점을 보완하는 법을 배울 수 있다.

인적자원 전문가들을 위한 저서인 『인적 자원 관리자 역할 준비

하기 : 오늘날의 기업에서 성공하는 방법』을 저술하면서 빌 칸와일러 박사와 나는 자기 자신을 아는 데 따르는 이점이 어마어마하다는 사실을 깨달았다.[5]

우리는 중요한 여섯 가지 분야의 자기평가 길잡이인 경력 성공 모델을 개발했다. 이 여섯 가지 분야란 경력, 기술, 특징, 가치, 좋아하는 것과 싫어하는 것, 감성지능이다. 자신의 장점과 약점을 알면 필요할 때 자신을 좀 더 객관적으로 판단할 수 있으며, 타인에게 적절한 관심을 보일 수 있다. 자신의 한계를 이해한다면 필요할 때 도움을 요청할 수 있고, 부하 직원들을 부당하게 취급하지 않을 수 있다. 자기 인식을 하면 자신이 팀에 안겨주는 가치를 깨달을 수 있고, 원하는 업무나 다른 기회를 요구할 자신감을 얻을 수 있다.

자신감은 부하 직원들에게도 전파된다. IT 정보 전문 잡지《컴퓨터월드》에 실린 내향적인 정보 서비스 리더들에 대한 한 기사에서 정보 관리 협회(Society of Information Management)의 컨설턴트 밥 볼턴은 이렇게 말했다. "리더에게는 추종자들이 반드시 있어야 한다. 만약 어떤 사람이 높은 수준의 전문지식을 보유하고 있다면, 사람들은 그 사람이 연단에 올라 연설을 할 수 있는 사람이라서가 아니라 그 전문지식 때문에 그 사람을 따를 것이다."[6]

자신이 지닌 약점이 무엇인지도 깨달을 수 있다. 이를테면 실무를 직접 처리하는 데 익숙한 나머지 업무를 직원들에게 맡기지 못하고 쥐고 있다가 과로에 시달리거나 마감을 놓칠 수도 있다. 부하 직원들에게 업무를 위임하지 못한다는 것이 약점이라고 깨닫는다면 치료할 수 있지만, 그러려면 먼저 자기평가를 통해 자신을 솔직하게 들여다봐야 한다.

▶다양한 방식으로 팀원들에게 다가가라

이 책에서는 다양한 인간 유형을 간단히 다루었다. 지금쯤이면 대다수의 사람들은 성격 판단 도구를 적어도 하나쯤은 해봤을 것이다. MBTI, 즉 마이어브릭스 유형 지표는 사람의 성격 유형을 내향성과 외향성으로 나눌 뿐 아니라 감각형, 직관형, 사고형, 감정형 등으로 구분해 설명해 준다. 자신의 성향을 파악한다면 타인에게 접근하는 방식에 극적인 변화가 일어날 수 있다.

준비 단계에서는 사람들에게 접근하는 방법을 계획해야 한다. 예를 들어 당신이 팀원들을 이끌고 커다란 프로젝트를 수행해야 한다고 해 보자. 감각형인 한 팀원은 정보와 세부 사항에 중점을 둘 것이다.

또 다른 직원은 강한 직관형이라 프로젝트의 전체적인 그림에 관심을 기울일 것이다. 이렇게 팀원들 간의 미묘한 차이점들을 안다면 팀원들이 훨씬 신속하게 업무에 몰두하도록 만들 수 있다. 직원들을 성격 유형과 보유하고 있는 기술, 그 외의 선호도에 따라 분류해 보도록 하자. 당신이 본래 일하던 팀 내에서 승진해 관리직에 오른 거라면 이미 이러한 정보를 알고 있을 수도 있다.

아이디어스피어 파트너스(Ideasphere Partners LLC)의 매니징 파트너인 척 파파조지오스는 개개인의 스타일을 잘 이용해 언제나 내게 깊은 감명을 안겨주는 오랜 동료이자 성공한 기업가다. 나는 척에게 내향적인 사람들에게 어떠한 리더십 접근법을 사용하는지 물어보았다. 외향적인 관리자인 척은 "올바른 환경만 조성해 주면 외향적인 관리자와 내향적인 관리자들 간의 실적 차이는 전혀 없다"는 점을 깨달았다고 했다. 하지만 내향적인 직원들을 대하는 방식을 다소 바꾸었다고 털어놓았다.

척은 도전 과제에 부딪히면 "내향적인 관리자들에게 몇 분간 짧지만 아주 분명하게 요구를 하거나 그 문제점을 설명해, 정해진 기한 내에 해결책을 내 달라고 한 다음 돌아선다."고 했다. 내향적인 관리자들이 도전 과제를 내면화하고 정보를 처리할 기회를 주어 그 자리에서 즉시 대답을 해야 한다는 부담감을 주지 않는다는 것이다. 흥미롭게도 척은 같은 방법을 외향적인 관리자들에게도 사용하는데, 이들이 처음 머릿속에 떠오른 대답을 하지 않고 좀 더 신중을 기하도록 유도하는 데 효과적이라고 했다.

▶동기 부여가 업무 능률을 크게 높인다

부하 직원들에게 동기를 부여하는 것도 미리 준비할 수 있을까? 물론이다. 부하 직원들에게 동기를 부여하는 것이 무엇인지를 파악하는 것 또한 준비 과정 중 하나다. 사람들마다 동기부여가 되는 요소가 다르다. 관리직을 맡고 첫 90일 동안 팀원들과 일일이 만나 보는 것은 직원들을 더 깊이 이해할 수 있는 훌륭한 전략이다. 그런 다음 직원 개개인의 욕구에 부합하는 방법을 적용해 볼 수 있다. 내가 아는 한 IT 관리자는 최고의 실적을 올린 직원에게 하루 휴가를 주는 것이 효과적인 보상이 아니며 오히려 더 복잡한 문제를 업무로 내주면 더 신나게 일한다는 사실을 깨달았다.

내향적인 인적자원 관리자인 밥 퀸은 자신을 진정으로 존중해 주고 적극적으로 관심을 보여주는 관리자에게 직원들이 동기를 부여받는다고 생각한다. 밥은 외향적 성격을 타고나지는 않았지만 매일같이 동기 부여 준비 차원에서 먼저 직원들에게 다가가 대화를 나누었다.

밥은 회사 합병 책임자가 되자 아끼는 직원들을 일일이 개인적으로 만나 그들의 걱정거리에 귀를 기울였다. 그런 다음 고위 간부들을 만나 차근차근 합병 계획을 세웠다. 밥은 이렇게 말했다. "합병하는 날이 왔을 때, 모든 직원들이 자신이 해야 할 일을 잘 숙지하고 있었습니다."

또 밥은 각 사무실에서 브런치 파티를 열어 새롭게 합류한 직원에게는 와인을 한 병씩 선물하고, 분위기를 익힐 수 있도록 곁에서 도와줄 직원을 한 명씩 붙여주었다. 밥은 합병으로 인해 그만두게 된 직원들로부터 최고의 감사 인사를 받았다고 털어놓았다. 밥은 중간급 관리자 중 한 명이 그를 바라보며 "당신은 괜찮은 사람이에요."라고 했을 때 일이 잘 풀려간다는 사실을 알았다고 했다.

사업개발부 담당 부사장인 밥 샤크는 시스코 시스템(Cisco Systems)과 노던 텔레콤(Northern Telecom) 같은 기업들에서 리더 직을 맡아본 경력이 있다. 뚜렷하게 외향적인 성격인 밥은 아주 영리하고 굉장한 전문가들로 이루어진 팀만 이끌어 왔다. 그는 팀원들이 동기 부여를 받는 부분이 서로 다르며 리스크를 감내할 수 있는 수준도 서로 다르다는 걸 잘 알고 있다. 그럼에도 불구하고 팀원들을 하나의 프로젝트에 모두 참여시켜 결과를 이끌어내면 팀에 동기 부여를 할 수 있다고 생각한다.

어느 시점에서 밥과 서너 명의 직원들이 서로 다른 회사로 옮겼는데, 다들 그전에 함께 작업하던 프로젝트에서 너무 신나게 일했던 탓에 새로운 회사로 옮긴 후에도 이 프로젝트를 계속 했다. 밥은 10년 후에 다시 이 직원들과 함께 일할 거라고 말하기도 했는데, 그 이유는 이 직원들과 개인적인 유대감을 형성했기 때문이었다. 이것이 바로 동기 부여다.

경영 컨설턴트이자 작가인 마커스 버킹엄은 개개인의 사례를 분석해 보면 동기 부여를 받은 직원의 업무 능률이 가장 좋다고 했다. 훌륭한 관리자들은 체스 게임을 하는 법을 알고 있다. 훌륭한 관리자는 체스의 말 하나하나를 움직이는 법을 배운 다음, 그러한 움직임을 이용해 공격 시나리오를 작성한다는 것이다.[7]

▶ 조화를 이끌어낼 준비가 필요하다

관리직을 맡는다고 해서 꼭 우뇌를 활용해야 하는 것은 아니다. 스튜어트 L. 스토크스는 IT 관리자들 앞에서 이렇게 말했다.

"많은 IT 직원들이 선호하고 가장 편안함을 느끼는 좌뇌는 분석적이고, 체계적이며, 예측할 수 있고, 질서정연합니다. 관리자들은 좌뇌를 잘 활용하며, 리더들은 좌뇌를 잘 활용하지 못하는 경우가 많죠.

우뇌의 경우에는 리더들이 잘 활용하고, 관리자들은 잘 활용하지 못하는 경우가 많습니다. 우뇌는 좀 더 무질서하고 실험적이고 창조적입니다. 또 망상적이며 덜 체계적이죠. 우리는 좌뇌로 관리하고 우뇌로 이끕니다. 좌뇌와 우뇌는 서로 다르지만 서로 보완합니다. 물론 좌뇌와 우뇌가 모두 필요하지만, 실무에서 손을 떼면 비전을 창출하기 위한 전술, 즉 당신의 부서 업무와 조직의 업무를 연관시키는 작업이 늘어날 테고, 그러면 뒤로 물러서서 당신이 자원을 창조적으로 활용하고 있는지 살펴봐야 합니다."[8]

대니얼 핑크는 리더는 한 가지에만 초점을 맞추는 데서 벗어나야 한다고 생각한다. 리더는 작곡가와 지휘자처럼 다양한 악기로 구성된 오케스트라를 조화롭게 이끌어야 한다. 그래야 오케스트라 전체가 하나가 되어 훌륭한 소리를 만들어낼 수 있다. 오케스트라의 조화를 이끌어내는 것은 악기들 사이의 관계를 파악하는 능력에 달려 있다. 대니얼 핑크는 현재의 컨셉트 시대에는 조화를 이끌어내는 능력이야말로 반드시 필요한 것이라고 했다.

대니얼 핑크는 내게 조화라는 개념이 내향적인 사람들과 관련이 깊다고 생각한다며 이렇게 설명했다. "조화를 이루는 것은 모든 리더에게 중요합니다. 조용한 리더들이 다른 사람의 말에 더 많이 귀를 기울이기 때문에 더 유리한 면이 있죠. 조화를 이루면 더 많은 정보, 더 훌륭한 정보를 얻을 수 있습니다."[9]

핑크는 실용적인 제안을 하나 했다. "부서 내의 게시판을 영감 게시판으로 바꾸세요. 흥미진진한 것을 발견하면 그 게시판에 붙이세요. 머지않아 당신의 사고를 활기차게 만들고 확장시켜 줄 이미지들 사이의 관계가 보이기 시작할 겁니다." 좌뇌뿐 아니라 우뇌를 이용해 리더십 역할을 준비한다면, 막강한 효과를 볼 수 있을 것이다.

📢 존재감 단계

사람들에게 깊은 인상을 심어주는 것이 존재감의 일면이다. 나는 한 컨벤션에 참석한 적이 있는데, 당시 기조 연설가인 윌리엄 스트릭랜드 주니어는 청중을 완전히 사로잡았다.

윌리엄은 피츠버그의 불우한 청소년들을 위해 평생을 헌신하고 있는 영적 지도자다. 그는 국제적인 유명 인사로 미국 전역에 위치한 예술 및 직업훈련 센터에서 최고의 프로그램을 진행하고 있다. 그 프로그램의 기조연설에서는 청중이 윌리엄의 메시지와 말투에 푹 빠진 나머지 강연실 여기저기에서 훌쩍거리는 소리가 들릴 정도였다. 그만큼 윌리엄은 진심을 담아 청중을 향해 이야기했다.

윌리엄의 연설이 끝난 후 쉬는 시간에 우연히 몇 명의 사람들에게 둘러싸인 윌리엄과 마주쳤다. 누군가 속삭였다. "마치 교황님 같아!" 나는 동의하지 않을 수 없었다. 이 소박한 남자의 주변에는 경외심에 가득 찬 공기가 떠다녔다.

마침내 나는 윌리엄과 얼굴을 마주하고 인사를 했다. 그러자 그는 내게 명함을 건네며 이렇게 말했다.

"피츠버그에 있는 저희 센터에 꼭 방문해주세요."

그는 내 눈을 마주보았다. 윌리엄이 주위에 몰려든 사람들 모두에게 명함을 건네고 센터로 초청을 했다고 해도 상관없었다. 몇 초 안 되는 잠깐 동안, 그는 내게 진심 어린 관심을 보여주었다. 윌리엄의 진정성과 진지함이야말로 그가 존 하인즈와 아마존의 창립자 제프 베저스같이 그를 후원하는 수많은 기업인들의 마음을 사로잡은 이유라 확신한다. 그것이 바로 존재감이다.

이제부터는 성공한 리더들에게서 발견한 존재감을 발휘하는 방법 세 가지를 살펴보도록 하자.

▶ 위임하는 법을 배워라

수년 동안 경영 수업을 진행하면서 신입 관리자들이 마스터하기 가장 힘들어하는 기술은 업무 위임이었다. 하지만 이는 관리자들들에게 가장 필요한 기술이기도 하다. 업무의 수많은 전술적인 부분을 혼자 꼭 쥐고 있다면, 어떻게 직원들을 이끌고 계획을 짜고 코치를 할 수 있겠는가?

내가 아는 한 기업은 이러한 필요성을 깨닫고 '위임 훈련 프로그램'을 운영하고 있다. 위임하는 것을 배우는 것은 어렵지 않다. 직원 개개인의 능력을 파악하고 적임자에게 임무를 부과하며 직원들을 코치하면 된다. 초반부에는 직원들에게 이런저런 조언을 해 준 다음 직원들이 업무에 익숙해지면서 점차 손을 놓는다면 효과적인 위임이 이루어지는 것이다.

업무를 위임할 때 가장 큰 장애물은 진심으로 위임하지 못한다는 점이다. 사람들에겐 남에게 열쇠를 넘기지 못하는 나름대로의 중요한 이유가 있다. 나 또한 관리자로서 다 경험해 본 일이며 이러한 저항 때문에 내가 리더십 역할을 온전히 수행하지 못한다는 사실을 깨달았다.

준비 단계에서 자기 자신을 솔직히 들여다본다면, 실무를 직원들에게 위임하지 못하게 만드는 잠재적 장애물이 무엇인지 확인할 수 있다. 당신이 남에게 업무를 위임하지 못하는 중요한 이유는 무엇인가? 그리고 장애물들을 극복하기 위해 〈표 7〉의 반론을 읽어 보자.

▎ 표 7. 업무를 위임할 수 없는 이유 ▎

⅍ 업무를 위임할 수 없는 이유	⅍ 당신의 반론
1. 다른 사람을 교육하는 데 시간을 내기 싫다.	1. 이는 잠재적으로 대단한 보상을 거둘 수 있는 투자다. 부하 직원들에게는 자부심을 심어주고 나는 중요한 문제에 집중할 시간 여유가 생기니, 시간을 내 훈련을 시킬 만한 가치가 있다.
2. 다른 사람은 그 일을 나처럼 처리하지 않을 것이다.	2. 그래. 하지만 오히려 나보다 더 낫거나, 그냥 나와 다를 뿐일지도 모르지. 중요한 건 결과다.
3. 결과에 책임지는 사람은 여전히 나다.	3. 그래. 하지만 업무를 잘해냈을 경우엔 팀원들과 함께 공로를 인정받을 수도 있잖아.
4. 업무를 위임하기 힘든 주된 이유를 적어보자: _____	4. 당신의 반론을 이곳에 적어보자: _____

내향적인 내 친구 브루스는 최근 상사와 함께 박람회에 참가했다가 그를 존경하게 된 일화를 소개해 주었다. 소프트웨어 디자이너인 브루스는 전시회 공간에 설치한 부스를 담당하게 되었다. 그

가 맡은 업무는 부스를 찾아온 방문객들을 설득해 후속조치를 취할 상사에게 보내는 것이었다. 하지만 처음 몇 번의 시도는 참담한 실패로 돌아갔다.

잠깐 수다를 떨고 나면 대화는 중단되었고, 잠재적인 고객들은 다른 부스로 가버렸다. 그러자 그의 상사가 즉석에서 현명한 결정을 내렸다. 자신이 브루스와 역할을 바꾸어 그가 "사냥감들"을 브루스에게 보내면 브루스가 전문적인 질문들에 대답하기로 한 것이다. 이러한 간단한 작전 덕에 브루스의 상사는 상황을 수습하고 잠재적인 고객들도 끌어모았다. 브루스는 자신의 재능으로 회사에 기여를 했다는 기분을 느꼈으며 결국엔 모두가 만족스러운 윈윈 해결책이었다.

▶몰입해서 경청하라

내가 앞에서 소개한 제조업체의 부사장은 사람들의 말을 경청할 줄 알았다. 대니얼 골먼은 이러한 종류의 경청 기술을 몰입이라 칭했다. 그는 몰입이란 "일시적인 교감을 넘어서서 소통성을 증진시키는 완전하고 지속적인 존재감을 드러내는 것"이며 "우리는 모두 의도적으로 더 주의를 기울이는 것만으로 몰입을 촉진할 수 있다."고 했다.

골먼은 진정한 경청이란 "서로 주고받는 대화를 나누고, 상호간에 결정한 코스에 따라 대화를 나누는 것"이라 정의를 내렸다. 이

러한 경청이야말로 최고의 관리자를 만드는 자질이라고 골먼은 주장한다.[10]

나는 특히 '무조건적인 경청'이라는 골먼의 용어가 마음에 든다. 상품을 팔거나 당신의 의견을 입증하기 위해서가 아니라 사심 없이 상대방의 말에 귀를 기울이는 것이다. 혹은 스티븐 코비가 말했듯 "먼저 상대방을 이해하려고 노력하는 것"이다.[11] 이렇게 하려면 굉장한 집중력이 필요하다.

윌리엄 스트릭랜드가 내 말에 귀를 기울였을 때, 그 시간은 1분도 채 되지 않았다. 하지만 그의 강력한 집중력은 정말 대단했다. 바쁜 관리자들의 경우 잠시나마 노트북이나 스마트폰에서 눈을 떼보는 것이 좋다. 잠시나마 직원들과 함께 지내며 온전히 그들에게 집중할 수 있는 시간을 내보는 것이 좋다. 경청에서 중요한 것은 당신의 의도가 아닌 당신의 태도다.

사람들은 내향인들이 남의 말을 더 잘 들어준다고 생각한다. 내향적인 엔지니어인 존 피트러스키비치도 이 점을 강조했다. 존은 내향적인 사람들은 사색적이며 훌륭한 경청자라며, "말을 해서 배울 수는 없다. 들어야 배울 수 있다."고 했다. 그는 외향적인 사람들 중 다수는 상대방의 말에 귀를 기울이려 하지 않아 소통을 잘하지 못한다고 했다. 내가 만난 사람들 대부분과 마찬가지로 존 역시 경청 기술은 개발할 수 있다고 생각한다.

프레젠테이션에서 침묵을 효과적으로 사용했던 내향적인 트레이너 케빈 호스트는 직장에서 리더십 역할을 수행하는 데 같은 기술을 적용하고 있다. 케빈은 먼저 목표와 기한을 알린 후에는 팀원들의 아이디어와 제안에 귀를 기울이는 데 대부분의 시간을 투자한다고 했다. 만약 팀원들이 제시한 아이디어와 제안이 말도 안 되는 거라면, 침묵 기술을 이용하기도 한다. 케빈은 이제 팀원들이 그가 더 새롭고 다양한 아이디어를 찾고 있다는 점을 이해할 정도로 그의 스타일을 잘 파악하고 있다고 한다.

총무부 관리자인 스티븐 비젤로는 상대방의 말을 경청할 때 융통성 있게 다양한 방법을 사용하지만, 그중에서도 케빈이 설명한 것과 비슷한 기술들을 자주 사용한다. 스티븐은 조직의 목표와 목적, 임무를 제시한 다음 팀원들이 스스로 해답을 내도록 내버려두는데, 그의 경우에는 아주 효과적이라고 했다.

효율적인 리더들이 대부분 그렇듯, 스티븐 역시 사람과 상황에 따라 다른 방식을 적용했다. 스티븐은 "그러려면 내가 기존의 틀에서 한 발짝 걸어 나와야 한다."고 했다. 외향적인 사람들에게 둘러싸여 있거나 100% 내향적인 사람들과 함께 있을 때는 평소의 경청 방식에서 탈피하는 것이다.

사업개발부의 부장인 스콧 바이오럼은 내향인이라고 해서 당연히 훌륭한 경청자가 되는 것은 아니라고 생각한다. 스콧은 "사람들이 내향적인 사람들에게 자신의 생각을 솔직히 털어놓는 것은 내향적인 사람들이 그들에게 부정적인 의견을 내놓거나 비난할 가능성이 더 적기 때문"이라고 생각한다. 하지만 스콧은 또 이렇게 말했다. "내향적인 사람은 경청이라는 파워를 적극적으로 활용해 이상적인 관리자가 될 수 있다. 나는 전반적으로 소극적이고 조용해서 사람들은 주저하지 않고 내게 속내를 털어놓는다. 덕분에 나는 비교적 수월하게 정보를 수집하고, 그 정보를 분석하고, 적절한 때에 방향을 설정할 수 있다. 내향성은 관찰력을 고조시킨다고 생각한다."

▶표정을 관찰하라

농담 하나! IT 부서에서 외향적인 사람을 판별하는 방법은? 자신의 신발이 아닌 상대방의 신발을 쳐다보는 사람이다! 사실 외향적인 사람이라도 존재감 분야에서는 개선의 여지가 있다. 더 많이 미소를 지어 보는 건 어떨까?

진부하다고 생각하는가? 남아프리카 공화국의 위대한 지도자인 넬슨 만델라를 떠올려보자. 사실 만델라의 연설은 따분하기 짝이 없었다. 하지만 그 대신 만델라는 어떤 상황에서든 환한 미소를 지었다. 만델라의 미소는 남아공 백인들에게는 만델라가 백인들을 증오하지 않는다는 걸 상징했으며, 흑인 유권자들에게는 희망과 승리를 상징했다. 만델라에겐 미소가 곧 메시지였다.[12]

당신은 미소 짓는 리더들에게 끌리지 않는가? 내가 어려운 요가 자세를 취하면서 정신적으로나 신체적으로나 스트레칭을 할 때면 현명한 요가 교사는 미소를 지어 보라고 제안한다. 희한하게도 얼굴 근육을 움직이는 이 행위를 하면 포즈 잡기가 더 쉬워진다. 과거나 미래를 걱정하지 않고, 현재에 집중할 수 있다.

한번은 내가 평소에 존경하던 여성과 함께 회의에 참석한 적이 있다. 그녀는 영리하고, 통찰력이 있으며, 언제나 제 역할을 다 해내는 사람이었다. 하지만 불행히도 그 회의에서는 사람을 여럿 죽일 것 같은 표정을 짓고 있었다. 회의 시간 내내 무표정한 얼굴로 앉아 있었다. 다른 사람과 눈이 마주쳤을 때라도 미소를 지어 주었더라면 접근하기 힘든 사람이라는 인상을 남기지는 않았을 것이다.

의식적으로 상냥한 이미지를 보여주는 것 외에도 다른 사람들의 표정을 읽을 수 있다면 커다란 이득이 될 수 있다. 맬컴 글래드웰의 저서 『첫 2초의 힘 블링크』[13]가 출판된 뒤로 미세표정이라는 개념이 더 많은 관심을 받았다.

이 개념은 원래 폴 에크먼이란 연구자가 미묘한 얼굴 표정을 인식하는 방법을 제시한 『얼굴의 심리학-우리는 어떻게 감정을 드러내는가』라는 저서에서 처음으로 제시한 것인데 맬컴 글래드웰이 소개하면서 유명해졌다. 에크먼에 따르면 우리는 선천적으로 이러한 표정을 읽을 수 있는 능력을 보유하고 있을지 모르지만, 그 표정을 해석하는 데는 약간의 도움이 필요하다.[14]

내향적인 사람들이 자신의 감정을 드러내고 상대방의 표정을 읽는 데 좀 더 능숙해진다면, 인식의 차이를 좁히고 스트레스를 줄여 존재감을 드러낼 수 있을지도 모른다.

이 책을 읽은 후에 에크먼의 책을 읽어 보면 부분적이거나 미묘한 표정을 해석하는 법을 배워 사람들의 표정을 읽는 데 더 능숙해질 수 있다. 에크먼은 다른 문화권에 사는 사람들이라도 표정에서는 일치한다는 사실을 발견하기도 했으며, 작가 대니얼 핑크는 비즈니스계를 항해하는 사람이라면 누구나 에크먼의 책을 한 권씩 꼭 가지고 있어야 한다고 말하기도 했다.

문화적 배경이 다양한 팀원들과 일하는 리더들에겐 표정을 읽는 능력이 반드시 필요하다. 미소 짓는 사람을 보고 그 사람이 행복하지 않다고 생각한다면, 실제로 어떤 사정이 있는지 이해하기 위해 살피거나 관찰해 볼 수 있다.

지난해 유럽에 갔을 때 나는 내가 본래 제공하는 프레젠테이션보다 더 딱딱한 방식에 익숙한 한 그룹 앞에서 프레젠테이션을 하게 되었다. 다들 석상처럼 무표정했다. 하지만 차츰 상호 간에 신뢰를 쌓아가면서 잔뜩 긴장하고 있던 이들의 표정과 몸이 편안하게 풀린다는 사실을 깨달았다. 나는 이들의 눈을 바라보면서 반응이 점차 적극적이 되어간다는 사실을 읽었다.

업무를 위임하고 몰입해서 경청하고 얼굴 표정을 읽어 존재감을 확립할 수 있다. 주요 전략들을 기반으로 삼아 리더로서 한층 더 높은 실적을 낳을 수 있게 해 줄 추진 접근법들도 추가해 보자.

📢 추진 단계

아래의 추진 기술들에는 준비 및 존재감 단계의 기술도 포함돼 있다. 신입 리더라면 하룻밤 새에 모든 걸 다 바꾸려고 하지는 말자. Part 1의 3장에서 해봤던 퀴즈 결과를 검토해 보고 당신의 리더십 개발 계획에 포함할 수 있는 것이 또 무엇이 있는지 살펴보자. 당신의 계획에 포함할 수 있는 추진 전략 중 몇 가지를 소개하겠다.

▶ 적극적으로 표현하라

적극성은 공격성과 자주 혼동된다. 하지만 적극성은 상대방을 괴롭히는 게 아니다. 직접적이고, 개방적이며 솔직한 커뮤니케이션이다. 오랫동안 웨이트리스 일을 해 온 딸 제시 덕분에 난 웨이트리스들이 큰소리를 내며 공격적으로 따지는 손님들의 음식에 어떤 짓을 하는지 알았다. 하지만 고객이 내향적이라 불만이 있으면서도 말을 하지 않는다면 레스토랑의 발전에 도움이 되지 않는다. 고객은 만족스러운 식사를 하지 못하고, 식당은 서비스를 개선할 기회를 잃어버린다.

신입 관리자들 중 상당수는 사람들의 기분을 맞춰 주거나 갈등을 피하기 위해 적극적으로 자신의 의견을 피력하지 못한다. 그리고 그 결과 분노와 좌절이 쌓여 수동공격적인 성향을 보일 수 있다. 이러한 사람들은 직장에서 "그 얼간이"라든가 "지옥 같은 상사"라는 평판을 얻게 마련이다. 태미라는 리더는 그러한 수동공격적인 성향 때문에 직원들의 마음을 얻지 못했다. 태미는 평소에는 말이 없는 편이지만, 일단 입을 열면 냉소적이고 험악한 말만 해 부하 직원들이 수시로 그만두는 사태가 벌어졌다.

인생에서나 직장에서나 당신이 필요한 것을 요구할 때는 직접적이고 개방적이며 솔직한 태도가 필요하다. 시드 밀스타인은 GE의 임원으로 회사 전체에 식스 시그마를 도입하라고 지시했는데 초기에는 직원들이 저항하는 분위기였다. 하지만 그가 직접 나서서 직원들에게 식스 시그마를 도입하는 이유를 분명하게 설명하자 직원들 모두 수긍했다. 직원들이 질문을 던지면 그는 기꺼이 답변하며 대화에 참여했다.

적극적으로 자신의 의견을 피력하며 의사소통을 하는 리더들을 관찰해 적극성을 발휘하는 법을 배우자. 직장 밖에서도 연습할 수 있다. 수업을 듣고, 롤 모델들을 관찰하고, 이 기술을 연마하라. 그로 인한 이득은 당신뿐 아니라 당신의 인생과 관련된 모든 이들에게 돌아갈 것이다.

▶대화를 나눠라

1980년대에는 현장 경영, 즉 끊임없이 현장을 돌아다니면서 경영하라는 이론이 있었다. 관리자들이 개인사무실에서 나와 직원들과 이야기를 나누도록 독려하기 위한 아이디어였다. 당시로서는 혁명적인 아이디어였지만 오늘날에는 당연하게 받아들여지고 있다. 하지만 오늘날 기업 현장은 과거보다 훨씬 복잡하기 때문에 이 당연한 아이디어를 항상 지키기가 힘들다. 따로 일정을 잡아서라도 함께 일하는 사람들과 이야기를 나눌 시간을 내자.

고객서비스 부서 관리자인 에밀리는 관리직으로 승진한 이후 사무실에서 좀처럼 나가질 않으며, "컴퓨터로 보고서를 작성하고, 컴퓨터로 의사소통을 하고 싶은 유혹에 빠진다."고 토로했다. 관리자들과 강한 유대관계를 맺고 있는 내 고객들은 적어도 일주일에 한 번은 관리자들과 이야기를 나눈다. 대개는 프로젝트에 관한 새로운 사항들에 대한 대화를 나누지만, "어머님은 어떠십니까."와 같은 안부 대화도 함께 나눠 볼 수 있다.

내 상사였던 존은 존재감과 준비 단계의 도구를 혼합한 대화 보조 도구를 사용했다. 존은 직속 부하 직원 각각의 이름을 적은 색인 카드를 가지고 다니며 일주일 동안 그 카드에 해당 직원에게 주는 피드백과 구체적인 질문들 및 새로운 아이디어들을 적었다. 그리고 주기적으로 직원들을 한 명씩 찾아가 그 목록의 내용을 주제로 대화를 나누었다.

직원들은 모두 지나치게 꼼꼼한 존을 농담거리로 삼았지만, 사실 내심으로는 그 주에 존이 자신의 카드에 무엇을 적었는지 궁금해 죽을 지경이었다. 존은 만반의 준비를 해 시간을 아주 효율적으로 사용할 뿐 아니라, 직원 개개인에게 인정받는다는 느낌을 심어주었다.

나와 인터뷰를 한 어느 프로그램 관리자는 자신이 칭찬한 직원들과 그 칭찬 덕에 실적이 향상된 직원들의 이름을 기록해 두고, 그러한 피드백을 한 횟수를 기록해두는 방법을 추천했다. 측정할 수 있는 목표를 세워 두면 그만한 성과를 낼 수 있으므로, 이렇게 기록을 해두면 직원들에게 긍정적인 피드백을 하는 횟수가 증가할 것이다. 자발적으로 즉흥적으로 얼굴을 맞대고 이야기를 나누는 것이 선뜻 내키지 않는다면, 이 방법들을 사용해 보자. 그러면 좀 더 자신감을 가지고 존재감과 추진 단계에 들어설 수 있을 것이다.

▶갈등에 직면하라

갈등은 사람들 사이의 의견 충돌이다. 뜻 자체는 부정적이지 않지만, 우리 중 많은 사람은 팀원들이 동의하지 않거나, 직원들이 맞받아치거나, 상사들이 의문을 제기할 때 불편해한다. 하지만 갈등은 자연스럽고, 필요하며, 정상적인 것이라는 사실을 명심하자. 사실 서로 다른 아이디어들로 인한 긴장감이 없다면 문제점을 해결할 창조적인 답이 나올 수가 없다.

앞에서 소개한 사업개발부 담당 부사장 밥 샤크는 갈등을 두려워하지 않는다. 그는 사람들에겐 저마다의 자존심과 의견이 있다는 점을 받아들이고, 오히려 먼저 거센 불길을 유발할 재료를 제공한다. 즉, 팀원들에게 토론 거리를 담은 이메일을 보내 팀원들이 수도 없이 옥신각신하며 토론을 벌이도록 유도하는 것이다. 그렇게 거센 불길이 꺼진 후에 남는 것은 의견 합의와 그에 따른 행동이다. 또 갈등을 생산적인 행동을 이끌어내기 위한 수단으로 이용할 수도 있다. 내향적인 팀원과 외향적인 팀원 모두를 참여시키기 위해 대화 과정을 조율해 보는 것은 어떨까?

갈등을 건설적으로 이용하는 것은 어려운 도전 과제다. 관리자들에게 필요한 능력이기도 하다. 당신은 문화적 배경과 인종이 다른 팀원들을 관리하게 될 수 있으며, 어쩌면 이미 전 세계의 고객들 및 판매사들, 파트너들과 함께 일하고 있을지도 모른다.

한 내향적인 네덜란드 출신의 관리인은 네덜란드 직원들의 경우 그녀가 지속적으로 건설적인 조언을 해주길 바라는 반면, 미국의 직원들은 직접적인 피드백에 좀 더 민감하게 반응하는 편이라고 했다. 따라서 그녀는 각 팀의 분위기에 따라 효율적인 방법을 적용한다. 리더인 당신은 이러한 사안들을 헤쳐 나갈 방법을 더 많이 배울수록 더 앞서 나가게 될 것이다.

▶조직에 대해 배워라

전문 분야에만 국한하지 말고 당신이 속한 조직과 업계에 대해 더 많은 것을 배워라. 앞에서 이야기를 나눈 조화나 전체상처럼 팀 업무와 조직의 비전을 결합하는 법을 배워라. 업계의 트렌드를 지속적으로 따라가다 보면 고위 경영진에게 이러저러한 방향들을 제안할 수도 있다. 지식경제 시대에는 어떤 아이디어를 내느냐가 당신의 가치를 결정한다.

조직에 대한 감각을 한껏 계발하라. 현장을 둘러보고, 조직의 다른 분야에서 임시 업무를 맡아보라. 그러다 보면 당신의 업무가 조직과 어떻게 연결이 되어 있는지를 훨씬 더 깊이 이해하고 통찰할 수 있으며, 더 눈에 띄는 존재가 될 수 있다. 그 결과 당신의 팀에 더 큰 비전을 제시할 수 있게 될 것이다. 기존의 틀에서 크게 한 발짝 벗어나야 할지도 모르지만 절대 후회하지는 않을 것이다.

당신이 속한 조직이 어떤 성과를 원하는지를 알아내자. 비용 절감이나 수익 증대가 될 수도 있다. 당신이 속한 조직에 가장 중요한 이득은 무엇인가? 교육 단체와 정부, 비영리 조직들은 각자가 생각하는 성공의 척도가 다르다. 성취해야 하는 것이 고객 수를 늘리는 것인가, 아니면 보조금을 얻어내는 것인가? 조직의 이익과는 별개로, 당신의 고객들에게 정말로 중요한 것이 무엇인지 알아내자.

🖐 연습 단계

〈표 8〉은 리더십 근육을 강화하는 연습을 하기 위해 밟아야 할 단계들을 요약해 놓은 것이다. 이 책을 계속 읽어 나가면서 이 도표를 자주 참조하도록 하자.

주변에 지원 시스템을 구축하자. 홀로 지내는 시간을 소중히 여긴다 해도 비공식적인 자문단과 일대일로 이야기를 나누거나 글로 의사소통을 할 시간은 낼 수 있다. 혼자서 성공할 수 있는 사람은 아무도 없다. 코치를 고용해도 좋고 멘토를 요청해도 좋고 경력이 풍부한 팀원들에게 의지해도 좋다.

한 내향적인 여성은 갈등을 피하기 위해 직원과의 면담 약속을 미루었다. 그런 후 단단히 결심을 하고 코치에게 재빨리 이메일을 보내 도움을 요청했고, 그 코치의 도움으로 만반의 준비를 한 덕에 직원과의 면담에 잘 대처할 수 있었다.

또 다른 연습 전략은 성공하기 위해 필요한 트레이닝을 찾아서 받는 것이다. 오프라인 세미나와 온라인 세미나에 모두 등록하면 이러한 기술들을 연습하고 다른 참가자들을 만나면서 다양하고 유익한 견해들을 접할 수 있다.

관리자가 된다는 것은 모두가 할 수 있는 일이 아니다. 어느 내향적인 인적 자원 관리부 담당 임원은 내게 이렇게 말했다. "난 언제나 관리직이 불편하기만 했고 그냥 혼자 일하는 편을 선호했죠. 하지만 사명감을 가지고 업무에 임하다 보니 그런 불편한 마음을 극복할 수 있었어요. 스스로에게 이건 개인적인 발전과 경력 발전을 이룰 기회라고 되뇌었죠. 우왝!"

그가 감내한 희생이 가치가 있다고 느끼길 바란다. 당신 또한 그러한 조치를 취할 것인지 말 것인지 결정을 내려야 한다. 당신에게는 사람들에게 영감을 불어넣는 숨은 재능이 있다는 것을 발견하게 될지도 모른다. 혹은 관리하고 이끄는 일이 너무 버겁게 느껴지고 위험을 감수할 만큼의 보상도 돌아오지 않는다고 생각하게 될

지도 모른다. 하지만 내향적인 성격이라는 핑계로 이 단계를 회피
할 수 없다는 점은 명심하자.

∥ 표 8. 관리하기와 이끌기 ∥

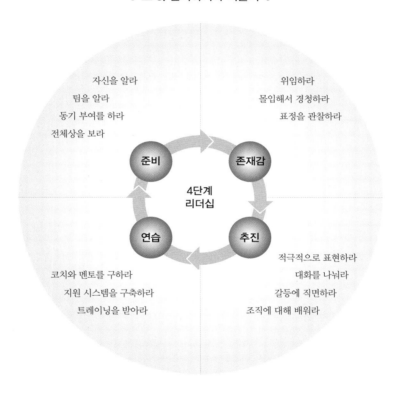

프로젝트를 성공적으로 이끄는 방법은 따로 있다

Heading Up Projects

경력이 많은 토목 기사 다니엘은 상사로부터 마을의 건설 진행 현황을 확인해 달라는 부탁을 받았다. 다니엘은 소극적인 성격이지만 회사에서 몇 안 되는 여성 직원 중 한 명이라 이미 틀을 깨고 나와 적극적으로 사람들과 어울리는 법을 배운 터였으며, 남자 직원들에게 존경도 받고 있었다. 직원들과 어울려 농담도 하고 직장 이야기도 하며 전반적으로 편안하게 지냈다.

다니엘은 픽업트럭을 공사 현장에 대고 현장 십장인 밥을 만나 커피를 한 잔 마셨다. 밥은 다니엘과 함께 고속도로를 타고 가면서 건축자재를 제때 배달해 주지 않는 하청업체 문제를 털어놓았고,

다니엘과 밥은 즉석에서 그 하청업체 문제를 해결하기 위한 계획을 세웠다.

픽업트럭 안은 아니더라도, 그런 비공식적인 자리에서 생산적인 업무 대화를 나눠 본 적이 있는가? 만약 있다면 그러한 비공식적인 자리에서 당신이나 상대방이나 솔직한 대화를 나누기가 더 쉽다는 사실을 깨달았을지도 모른다. 편안한 분위기에서는 부담 없이 질문을 하고 조언을 받을 수 있다.

생산적인 해결책을 내고 앞으로 나아가려면, 당신이 이끌거나 영향력을 발휘하는 사람들에게서 돌아가는 사정을 알아내는 것이 필수다. 프로젝트 매니지먼트의 핵심은 보고를 자주 하지 않는 사람들에게 영향력을 발휘하고 성과를 내는 것이다. 강한 리더라는 인식을 심어주려면 당신만의 세계에서 걸어 나와 각 전문 분야에서 활약하는 직원들을 먼저 찾아가 만나보아야 한다.

💬 준비 단계

프로젝트 매니지먼트(표 9 참조)는 업무를 처리하는 주요 방법이다. 프로젝트 매니지먼트는 IT 분야에서 처음 생겨난 것으로 현재는 마케팅, 금융, 인적자원 관리 분야에서도 사용된다. 프로젝트를 수행하려면 다양한 분야의 직원들이 필요하며, 프로젝트를 이끌려면 대인 기술과 리더십 기술, 전문 기술, 그리고 사업 감각이 필요하다.[1] 바로 이 때문에 대인 상호작용을 위한 계획을 세우는 것이 비용 및 기회 매니지먼트 같은 구체적인 분야를 이해하는 것만큼 중요한 것이다. 여기서는 내향적인 프로젝트 매니저가 프로젝트를 성공적으로 이끌기 위해 필요한 대인 기술 및 리더십 기술 몇 가지를 중점적으로 살펴보도록 하겠다.

┃ 표 9. 프로젝트 매니지먼트에 필요한 기술 ┃

▶코치와 멘토를 찾아라

내 코치를 받는 고객 제인은 상사인 내향적인 프로젝트 관리자가 최근 프로젝트에서 중요한 역할을 해 두각을 나타낸 이야기를 해주었다. 그 프로젝트 관리자는 먼저 회의가 열리기 전에 제인을 따로 불러 만나보고 서류를 검토하고 분석해 제인을 격려했다. 그런 후 제인에게 팀원 개개인이 원하는 것과 팀원들에게 던질 만한 적절한 질문을 코치해 주었다. 제인은 이러한 사전 작업으로 자신감을 얻었고, 그 결과 프로젝트에 더 완전한 기여를 하게 되었다.

프로젝트 매니지먼트 프로페셔널(PMP)인 알렉스 브라운은 프로젝트 관리자들이 팀원들의 멘토 역할을 해야 한다고 생각한다. 일부 조직들의 경우 부서 관리자들이 팀원들의 경력 개발과 조언을 책임지고 프로젝트 관리자들은 프로젝트 사안만을 담당한다. 하지만 브라운은 견고한 프로젝트 팀을 만들려면 프로젝트 관리자가 팀원들 간의 갈등을 가라앉히고 팀 내에서 개발해야 할 기술들을 찾아내야 한다고 주장한다. 그리고 이러한 임무들을 수행하려면 협상과 멘토링이 필요하다.

▶ 신뢰를 쌓아라

마크는 내 세미나에 참석하는 정보기술 분야의 프로젝트 관리자로 대형 회계 회사에 근무하며, 조곤조곤하게 말하는 조용한 성격을 가지고 있다. 그런 마크가 곤경에 처해 있었는데, 바로 그가 계획한 지난 세 개의 회의에 팀원들이 반밖에 참석하지 않은 것이다. 그 팀원들은 회의에 참석해 결정을 내려야 하는 당사자였고, 덕분에 회의가 제대로 진행되지 않아 프로젝트 진행이 지지부진했다.

마크는 프로젝트 초기에 팀원들 개개인과 이야기를 나누지 않았고 팀원들에게 왜 그들의 참여가 중요한 것인지를 설명해 주지 않았다. 또 마크는 이 프로젝트가 팀원들과 부서, 그리고 크게는 조직에 어떠한 이익을 안겨 주는지에 대한 일체의 설명도 하지 않았다.

나는 마크에게 먼저 팀원 개개인과 면담 스케줄을 짜 회의에 참석하지 않은 이유를 더 알아내 상황을 수습하라고 조언했다. 팀원들이 무엇을 필요로 하고, 무엇을 우선시하는지 좀 더 이해하지 못한다면 팀원들에게 영향력을 발휘할 수가 없기 때문이다. 준비 작업을 한 후 팀원들과 이야기를 나눠보면, 무엇을 필요로 하고 무엇을 우려하는지를 알아낼 수 있을 것이다. 팀원들이 우려하는 이유는 무엇인지까지 말이다.

마크는 내향적이라 사람들과 일대일로 대화하는 편을 선호하고 상대방의 말을 진지하게 경청할 줄 알기 때문에 이러한 진상조사 과정에 적합한 성격이다. 어쩌면 그는 회의 시간을 조절해야 할수도 있고, 프로젝트 멤버의 상사를 설득해야 할 수도 있다. 하지만 팀원들의 헌신을 얻으려면 먼저 질문을 던져야 하는 것은 분명한 사실이다.

나는 마크에게 팀원 분석을 해 보라고 제안했다. 〈표 10〉이 그 샘플이다. 신뢰도는 헌신도가 가장 낮은 1부터 헌신도가 가장 높은 5번까지 매겨두었다.

프로젝트 팀원들의 현재 신뢰도를 각각 표시해 볼 수 있다. 이 팀원들은 마크가 프로젝트에서 성공하기 위해 꼭 필요한 사람들이다. 마크는 각 팀원들이 필요한 정도(꼭 필요함, 중간, 혹은 꼭 필요하지 않음)를 결정한 다음, 그에 따라 신뢰도를 강화할 계획을 세울 수 있다.

팀원이 프로젝트에 참여하도록 설득하기 위해 얼마나 노력을 기울여야 할지, 그리고 각 팀원을 어떤 방식으로 설득할지도 결정할 수 있다. 셰인의 경우에는 프로젝트에 참여함으로써 얻을 수 있는 이익을 간단하게 적은 이메일만 보내도 통할 수 있는 반면, 찰스에게는 계획서를 만들어 공식적인 프레젠테이션을 해야 할 수도 있다. 이런 식으로 전략을 짜면 마크는 더 이상의 문제점이 발생하지 않도록 미리 방지할 수 있을 것이다.

┃ **표 10. 팀원 분석표** ┃

	1	2	3	4	5
셰인					
찰스					
조					
메리					
수전					

▶**기대치를 말하라**

나는 운영이 엉망진창인 자원봉사 프로젝트에 참가한 적이 있다. 프로젝트 관리자가 팀원들에게 전체적인 비전을 제시하긴 했지만, 업무 분할이 제대로 이루어지지 않아 팀원들의 역할이 모호했다. 게다가 점검 절차도 확실히 세워두지 않았고 규칙들과 책임 소재들이 툭하면 바뀌었다. 팀원들은 의욕을 잃고 좌절했고, 프로젝트의 결과 역시 실망스러웠다.

나는 시간과 자원을 효율적으로 사용해 성공을 이뤄낸 프로젝트에도 여러 번 참가해 보았다. 프로젝트를 관리하는 것이 직업인 내 고객들과 동료들은 분명한 기대치를 말해 주는 것이 비결이라고 입을 모으며, 팀원들에게 "이 프로젝트의 궁극적인 목표가 무엇인가? 결과를 성취했는지를 어떻게 측정할 것인가?"를 물어보라고 제안했다.

제약회사 넥스바이오(NexBio)의 프로젝트 매니지먼트 프로페셔널이자 프로그램 관리자인 에리카 플로라는 이렇게 말했다.

"매주 업무 진행 현황을 보고받고 싶다면, 프로젝트를 기획할 때 팀원들에게 알리세요. 미리 해두지 않으면 뒤늦게 팀원들에게 보고하라고 지시해 봐야 제대로 따르지 않을 가능성이 높아요. 규칙과 책임을 분명히 제시하고 정확한 기한을 알려야 합니다. 누가 어떤 일을, 언제까지 해야 하는지 모호하지 않게 분명히 말해 두세요. 난 내성적인 사람이라 그 덕분에 두려움과 압박감을 많이 덜었고 팀원들이 지속적으로 프로젝트에 참여하게 만들 수 있었어요."

서면으로 의사소통을 하면 앞에 나서서 말로 설명하는 것을 최소화할 수 있다. 나는 비영리 기관에서 근무하며 프로젝트 팀과 나눌 유용한 형태의 의사소통 방식을 고안해 낸 한 내향적인 관리자와 이야기를 나누었다. 그녀는 프로젝트와 프로젝트 마감 목표일, 그리고 프로젝트에 참가하는 팀원 목록과 각 팀원들이 맡은 업무와 그 마감 일자를 적은 서류를 한 장 만들었다. 그런 뒤 그 서류를 팀원들에게 돌려 반응을 보고 수정하고, 이 서류에 팀원을 인정하고 격려하는 말도 반드시 넣었다. 또 프로젝트가 진행되는 동안 팀원들이 의문이 생기고 장애물에 부딪쳤을 때 언제든 찾아와 의논할 수 있는 분위기를 조성했다.

❗ 존재감 단계

프로젝트를 관리하려면 계획을 세워야 하고, 홀로 있을 시간이 필요하긴 하지만 그래도 역시 사람들을 직접 만나봐야 한다. 프로젝트의 후원자, 팀원들, 그리고 프로젝트에 영향을 미치는 그 외의 관계자들을 모두 만나 대화를 나눠봐야 한다. 이렇게 해야 리스크를 관리할 수 있다.

성공한 기술 전문가들과 성공한 내향적인 프로젝트 리더들은 이렇게 다원적인 프로젝트 매니저 역할을 수행하기 위해 자신의 성격의 외향적인 부분과 내향적인 부분을 적절히 활용한다. 이들은 문제 해결 기회를 즐기며, 사람들과 직접 대화를 나누는 것을 피하지 않는다. 결과를 내려면 사람들과 어울리는 것이 얼마나 중요한지 알고 있기 때문이다.

▶정보를 얻어내라

내향적인 프로젝트 관리자인 에리카 플로라는 언제나 내향적인 팀원들의 견해를 프로젝트에 반영한다. 그렇게 하지 않으면 훌륭한 아이디어들을 놓치게 될 거라 생각하기 때문이다. 이를테면 에리카는 회의실 안을 돌아다니며 팀원의 이름을 호명하고 의견을 묻는데, 팀원들에게 그들의 의견을 소중하게 여긴다는 느낌을 주기 위해서라고 설명했다.

경력이 풍부하지만 내향적인 프로젝트 관리자 C. J. 도젤로는 이렇게 말했다.

"저는 사람들이나 그룹 앞에 서는 상황이 오면 리더로서 존재감을 드러내기 위해 스스로에게 채찍질을 합니다. 사실 저는 뒤에서 조용히 일하는 것이 훨씬 편하거든요. 게다가 아주 조용히 혼자만의 생각에 빠질 때가 있어요. 제가 그런 문제점을 의식적으로 바로잡지 않는다면, 리더로서 업무를 효율적으로 수행하지 못할 수 있습니다. 혼자만의 생각에만 빠져 있으면 팀원들은 제가 혼란스러워하고 방향을 잡지 못한 것으로 받아들일지도 모르니 팀원들을 프로젝트에 참여시키고 일을 진전시키려면 의식적으로 좀 더 표현을 많이 해야 해요."

▶메시지에 어울리는 수단을 사용하라

이 책을 쓰는 동안 이메일로 해고된 사람들에 관한 기사를 쓰는 기자의 질문을 받았다. 이메일로 해고통지를 받는 사람들이 꽤 많은데 그러한 상황에서는 최소한 전화로 통보를 하는 것이 적절한 방법이라는 데 대다수가 동의할 것이다.

이메일은 약속 내용과 자료 같은 정보를 전달하는 데 효과적이다. 보고서와 사업계획서 등이 이메일 형식에 적합하다. 문자와 메신저의 인스턴트 메시지는 신속하게 답변을 받을 수 있는 장점이 있어 즉석에서 계획을 짤 때 좋다.

이메일을 보낸 후 한 번 더 강조하고 싶다면 전화가 가장 좋다. 상대방과 관계를 다지고 신뢰를 쌓고 싶을 때도 전화 통화를 하는 것이 유용하다. 이메일보다는 당신의 목소리와 톤을 들려주는 편이 상대방에게 더 친밀하고 긍정적인 감정을 전달할 수 있다.

나는 자레드라는 고객에게서 음성메일을 받은 적이 있었는데 메시지를 받는 즉시 자기에게 전화해 달라는 내용이었다. 내가 전화를 하자 자레드는 고객으로서 민감한 문제를 이야기했는데, 이메일로 써서 보냈더라면 내가 오해할 수도 있을 법한 내용이었다. 자레드는 내 반응이 어떨지를 미리 고려해 그에 맞는 수단으로 내게 연락을 했기 때문에 그에 대한 신뢰도가 즉각 상승했다.

일대일 커뮤니케이션은 앞서 설명한 해고 같은 중요한 소식을 전달할 때, 프로젝트를 개시할 때, 팀을 칭찬할 때, 혹은 사안들과 문제점들을 해결할 때 적합한 방법이다. 이러한 일대일 커뮤니케이션은 질문을 하고 질문에 대답을 할 수 있기 때문에 구체적이고 분명한 피드백을 줄 때도 효과적이다. 물론 상대방과 멀리 떨어져 있을 때는 전화로 대신할 수 있다.

장거리 업무 관계에 가교 역할을 해 줄 방법으로 웹캠을 이용해 보는 것은 어떨까? 요즘에는 스카이프와 화상회의를 사용하는 사람들이 점차 늘어나고 있다. 예산이 허락한다면 직접 찾아가 적어도 한 번은 얼굴을 마주할 자리를 마련해야 한다. 아주 가끔씩이라도 직접 얼굴을 마주하고 대화를 나누는 데 따르는 효과를 과소평가해서는 안 된다.

내향적인 프로젝트 관리자의 경우 언제 직접 대화를 나누는 것이 좋을지 까다롭게 선정하는 것이 중요하다. 내향인은 사람들을 너무 많이 만나다 보면 지쳐버릴 수 있기 때문이다. '멈춰서 수다 떨기' 방법을 써보는 것은 어떨까? 미국 드라마 〈커브 유어 엔수지애즘Curve your enthusiasm〉[2]의 몇몇 에피소드에서는 등장인물 중 한 명인 래리 데이비드가 누군가와 우연히 마주쳐 이야기를 나누는 것을 질색하는 내용이 나온다. 내향인은 이러한 피상적인 잡담을 부담스러워하는 경향이 있으므로, 잡담이 필요할 때와 내향적인 팀원들에게 부담을 주지 말아야 할 때를 결정하도록 하자. 당신이 내향적이라면, 주변 사람들을 관찰해 보고 스케줄에 이따금씩 '멈춰서 수다 떨기'를 집어넣어 보자.

블로그에서 이야기를 나누는 방법도 있다. 블로그 운영자인 섀넌 칼버는 네티즌에게 굉장히 인기를 끈 〈외향인인 척하기〉[3]라는 제목의 글에서 프로젝트 매니지먼트의 세계에서 블로그 커뮤니케이션을 사용하는 방법에 대해 썼다. 그는 이렇게 말했다.

"최전방에서 물러나라. 우리는 외향인이 아니라 내향인이다. 우리가 매일, 항상, 모든 사람들과 이야기를 할 필요는 없다." 그리고 뭐라고 제안했을까? "팀 내의 외향인을 찾아내라." "프로젝트 팀 내에 대고객 부서를 만들거나 혹은 팀 리더를 따로 두거나 두 명의 프로젝트 매니저를 둔다면 인상적인 결과를 낳을 수 있다. 행운을 빈다, 친애하는 내향인 동료들이여. 그리고 명심하라. 화분에 심은 식물에 대한 이야기를 하려고 하루에 15번이나 당신을 찾아오는 사람에게 으르렁대는 것은 더 이상 용납되지 않는다는 것을."

▶ 스위치 켜는 법을 배워라

프로젝트 실적은 팀원들의 성격 구성과 직접적인 연관이 있다. 홍콩의 스무 개 소프트웨어 팀에 근무하는 92명의 정보 서비스 전문가들을 대상으로 팀 실적에 대한 인식을 조사하는 흥미로운 연구를 실행했다. 본인이 내향적인지 외향적인지도 물었다. 그 결과 조사자들은 팀 리더와 팀원들 간에 성격 차가 있는 팀이 더 높은 실적을 낸다는 사실을 발견했다.[4] 이는 팀원들 간의 성격 차보다 실적에 더 큰 영향을 미쳤다.

그렇다면 이것은 무슨 뜻일까? 팀 리더가 팀원들의 성향을 알면, 그에 따라 팀원 각자에게 적절한 업무를 할당하고 동기 부여를 하는 통찰력을 발휘할 수 있다는 뜻이다. 또 자신의 성격을 보완할 수 있는 성격의 팀원들을 선택할 수도 있다.

프로젝트 관리자의 도전과제이자 기회 중 하나는 팀을 이끄는 데 있어 자신의 다양한 측면을 활용해야 한다는 점이다. 프로젝트 관리자는 외향인과 내향인이 섞인 환경에서 일할 때 말 그대로 "스위치를 켜야" 한다. 결과를 내기 위해서는 개인적인 영향력과 지위를 발휘해야 한다. 프로젝트 관리자인 도나 피츠제럴드는 이렇게 말했다.

"민첩한 프로젝트 관리자는 외향인과 내향인의 차이를 이해하기 때문에 프로젝트 팀에 한 가지 해결책만을 강요해야 할 필요가 없습니다. 운영팀(대개 외향적인 사람들로 이루어진 팀)은 원하는 만큼 회의를 자주 하거나 생각한 바를 곧장 입 밖에 낼 수 있고, 개발팀은 각자의 책상에 앉아 필요하다면 웹 공간의 토론방에서 공동으로 작업할 수 있죠. 그리고 양쪽 그룹 모두가 참석해야 하는 회의는 합의점을 찾겠다는 목표를 염두에 두고 수행할 수 있어요. 회의의 횟수를 줄이거나 회의 시간을 더 짧게 줄이고 분명한 의제를 내세우면 양쪽 팀 모두 만족스러워할 겁니다."

앞에서 언급한 프로젝트 관리자 C. J. 도젤로는 보고서를 제한하는 방법으로 외향적인 팀원들을 관리한다. 그녀는 외향적인 팀원들에게 "커다란 사교적 임무와 수다 떠는 임무"를 맡기는 법을 익혔다. 이렇게 하면 외향적인 팀원들은 자연스럽게 맡은 임무를 해내고 더 활발하게 프로젝트에 참여한다.

C. J. 도젤로는 내향적인 성격이 팀원들 및 파트너들과 협상을 하

고 동의를 얻어내는 데 큰 도움이 된다고 했다.

"저는 일대일로 대화를 나누는 상황에 아주 능숙해서, 상대방에게 내가 그 사람의 말을 경청하고 있다는 느낌을 전해주고 신뢰를 쌓죠. 저는 쉽게 딴 데 정신을 팔지도 않고 한 번에 여러 가지 업무를 하지도 않기 때문에 대화에 집중해 상대방의 기분을 좋게 만들어줄 수 있어요. 외향적인 동료들은 한 번에 여러 가지 일을 건드리는 경향이 있어서 아주 바쁘고 생산적인 사람으로 비칠 수 있어요."

앞에서 사례로 든 내향적인 비영리 프로젝트 관리자는 외향적인 사람들의 장점을 공공연하게 인정하려 노력한다고 덧붙였다. 외향적인 팀원들에게 목소리를 낮추고 잡담을 줄이라고 부탁해야 하는 상황도 종종 있지만, 그러한 성향이 부서에 긍정적인 영향도 미치기 때문에 너무 문제 삼지 않으려 노력한다. 반대로 내향적인 팀원들에게는 자신을 찾아와 일대일로 대화를 나누고 질문을 던지도록 독려하고 있다. 이렇게 팀원들 개개인을 매일 점검한 덕분에 팀의 분위기가 훨씬 좋아지고 있다고 했다.

📢 추진 단계

나는 훌륭한 프로젝트 관리자들을 존경한다. 이들은 비전문가들도 알아듣기 쉽게 분명하게 의사를 전달하며 조직 안팎의 사람들 사이에서 훌륭한 가교 역할을 하기도 한다. 기술 프로젝트 관리자들도 "소프트웨어 개발에서 더 나은 실적을 얻기 위해서는 기술적인 측면보다 인간적인 측면이 더 중요하다."[5]는 작가 골라와 램의 의견에 다들 동의할 것이다.

프로젝트 관리자들은 이렇게 중요한 대인관계를 위해 기존의 틀을 벗어나 스스로에게 박차를 가하고 있다. 훌륭한 리더들을 만드는 또 다른 특징들은 무엇이 있을까? 내향적인 프로젝트 리더들이 프로젝트를 수행하기 위해 배워야 할 교훈에는 무엇이 있을까? 다음의 세 가지 추진 전략을 고려해 보자. 첫째는 공로를 나누고, 둘째는 변화에 대처하고, 셋째는 유머의 가치를 인정하는 것이다.

▶공로를 나눠라

프로젝트 관리자로서 당신은 목표에 도달했을 때 팀원들을 칭찬해야 한다. 일부 회사에서는 케이크나 피자 같은 음식으로 축하 파티를 한다. 인트라넷과 뉴스레터 같은 사내의 커뮤니케이션 도구들을 이용해 목표 달성 사실을 알리는 것도 좋다. 한 프로젝트 관리자는 내게 "계획보다 업무를 빨리 마무리 짓게 되자 대대적인 파티를 열었다"고 했다.

특히 팀원 개개인의 공로를 인정해 주어야 한다. 이렇게 해야 팀원들에게 동기 부여가 되며, 좀 더 실질적인 면에서 보자면 미래의 연봉 인상과 승진으로 이어진다. 『당근의 법칙』을 저술한 체스터 엘턴은 이렇게 말했다. "회사에서 자신의 가치를 인정해 준다고 느끼는 직원들은 업무 참여도가 높고, 회사의 성공에 분명한 기여를 할 가능성이 훨씬 크다."[6]

모든 팀원들이 같은 방식으로 칭찬받길 원하지 않는다는 점은 꼭 명심하도록 하자. 나와 함께 일하던 팀원들 중에는 직원회의에서 칭찬받는 것을 좋아하는 팀원도 있었다. 그와 달리 나와 파트너를 이루었던 한 연구원은 사람들 앞에서 인정받는 것은 원하지 않았지만, 그의 소속 팀 상사와 고위급 임원들에게 업무 성과에 대한 이메일을 보내주길 원했다. 사람들이 어떤 보상을 선호하는지 안다면 아주 유용하다. 그리고 팀원들도 물론 중요하지만, 잊지 말고 당신의 공로도 인정해 주고 휴식을 취하면서 재충전하도록 하자.

공로를 나누는 또 다른 방법은 프로젝트의 진행 상황을 프로젝트 관계자들에게 지속적으로 알리는 것이다. 이는 당신의 능력을 증명해 줄 것이다. 주요 인물들에게 정보를 지속적으로 알린다면 당신이 눈에서 사라지고 마음에서 멀어질 때 발생하는 인식의 차이를 좁히는 데 도움이 될 것이다. 이렇게 조용하고 꾸준하게 팀을 이끌면서도, 동시에 눈에 띄는 존재감을 심어 주도록 하자.

▶변화에 대처하라

오늘날에는 시시각각 변화하는 비즈니스 환경 내에서 프로젝트를 관리해야 한다. 『새로운 프로젝트 매니지먼트』의 공동 저자인 에런 센하는 이렇게 말했다. "아직도 충분히 예측 가능한 프로젝트들이 존재하긴 한다. 하지만 대다수의 프로젝트들은 아주 불확실한 세상에서 진행되고 있으며 … 너무나도 많은 변화가 일어나고 있기 때문에 그 어떤 프로젝트도 미리 모든 것을 다 계획하는 것은 불가능하다."[7]

업무의 일환으로 여러 프로젝트를 관리하는 당신에게 이것은 어떤 의미일까? 나는 앞서 팀원들 및 모든 관계자와 자주 그리고 분명하게 의사소통을 해야 한다고 이야기했다. 질문을 던지고, 상대방의 우려를 경청하고, 새로운 방향을 제시하는 것이 당신이 맡은 역할의 중요한 부분들이다. 물론 내향적인 사람에게 있어 이렇게 지속적이고 한결같은 커뮤니케이션은 부담이 될 수 있다.

Part 2의 1장 〈당신도 훌륭한 연설가가 될 수 있다〉에서 소개한 추진 전략 중 몇 가지를 이용하면 더욱 편안하게 의사소통을 하고 메시지를 전달할 수 있다. 이는 특히 변화의 시기에 중요하다. 조직에 변화의 바람이 불면 직원들은 불안감을 느끼며 리더들이 정보와 확신을 주길 바란다. 이럴 때 내향적인 당신은 차분한 집중력과 신중한 준비성을 발휘해 직원들을 도울 수 있다.

스티커처럼 착 달라붙는 메시지를 전달하려면 사진과 스토리텔링 같은 독창적인 방법으로 프레젠테이션에 활기를 북돋워라. 이것이 추진 단계다. 나는 스토리텔링 수업을 들은 내향적인 IT 담당 부사장 마틴 슈미들러와 이야기를 나누어 보았는데 그는 팀 회의에서, 특히 다가오는 회사의 조직 변화에 대비한 설명을 하면서 스토리를 접목하는 데 성공했다고 기뻐했다.

먼저 상사를 찾아가 대화를 나눠라. 변화의 시기에 사용할 수 있는 또 다른 추진 전술은 지속적으로 대인관계를 강화하는 것이다. 그렇게 하면 당신이 속한 조직 내의 현재상과 미래상, 그리고 그것이 당신의 부서에 미칠 영향에 대해 더 많은 것을 배울 수 있다. 나의 옛 상사 한 명은 이를 아주 잘해서 시기적절하게 우리 팀의 방향을 변경해 회사에서 반드시 필요로 하는 임무를 수행함으로써 팀 전체를 살렸다.

▶유머의 가치를 인정하라

피아니스트이자 코미디언인 빅터 보르주는 이렇게 말했다. "두 사람 사이를 가장 가깝게 만들어 줄 수 있는 것은 미소다." 상대방의 협력을 얻어내려면 먼저 당신의 아이디어에 귀를 기울이게 만들어야 한다. 상대방의 웃음을 유발해 당신도 재미있는 사람이라는 것을 보여주자.

현재 점점 더 많은 조직들이 대니얼 핑크가 그의 저서 『새로운 미래가 온다』에서 '놀이'라 칭한 것의 중요성에 주목하고 있다.[8]

핑크는 게임과 유머, 기쁨이 새로운 "컨셉트의 시대"에 제자리를 찾아가고 있다고 했다. 이어서 "자판기 앞에서 농담을 주고받거나 동료들과 점심식사하면서 떠들썩하게 웃어본 사람이라면 누구나 이해하듯 유머는 조직 내의 응집력이 될 수 있다."고 했다. 핑크는 하버드 비즈니스 리뷰에 실린 파비오 살라의 연구 내용을 인용해 "유머는 경영이라는 바퀴의 윤활유로 사용할 수 있다."[9]고 했다. 또한 "이 연구에 따르면 가장 성공한 중역들은 중간급 관리자들에 비해 두 배나 더 자주 유머감각을 발휘했다."는 점도 언급했다. 이렇듯 유머와 높은 감성 지능 사이에는 연관이 있다.

남들보다 조용한 리더에게 있어 이것은 어떤 의미일까? 당신은 직원들을 이끄는 리더다. 당신이 웃을 수 있다는 것을 보여준다면 당신과 팀은 다음의 몇 가지 혜택을 누릴 수 있다. 첫째, 팀원들은 당신이 일밖에 모르는 사람이라는 생각을 버릴 것이다. 둘째, 팀원들은 당신도 사람이라고 생각하게 된다. 셋째, 따라서 팀원들은 부담을 덜 수 있다.

웃을 수 있는 분위기가 조성되면 팀원들은 좀 더 마음을 놓고 실수를 저지르고 위험을 감수할 수 있다. 웃음은 긴장감과 스트레스를 풀어준다. 면역 체계를 강화시켜 주기도 한다. 긴장한 분위기가 감도는 사무실 분위기를 떠올려 보라. 그리고 좀 더 편안하고 재미있는 사무실 분위기와 비교해 보라.

나는 직원들끼리 서로 말도 섞지 않고 눈도 잘 마주치지 않는 포춘 선정 100대 기업 중 한 곳에서 일한 적이 있다. 이러한 폐쇄적인 분위기는 그 회사 전체에 만연해 있었고 회사 분위기가 그렇다 보니 직원들이 뒤에서 사내 정치와 가십 및 다른 비생산적인 행동들에 몰두하는 것도 당연한 일이었다.

타고난 "장난꾸러기"가 아니더라도 유머를 구사해 분위기를 가

볍게 만들고 내향인과 외향인 모두의 관심을 이끌어낼 수 있다. 외향인들은 유머에 긍정적으로 반응할 것이며 내향인들도 당신이 깜짝 놀랄 만한 반응을 할지도 모른다. 프로젝트 매니저인 당신은 그러한 무대를 마련할 권한이 있다.

다음은 프로젝트에 건강한 유머를 살릴 수 있는 또 다른 추진 아이디어들이다.

1. 매달 아침식사를 함께 하면서 팀원들의 생일을 축하해 준다.
2. 거품고무 총이나 고무줄 총, 공기총, 고무 가면 같은 "사무실 칸막이 전쟁 무기"를 가져온다. www.kleargear.com과 www.officeplayground.com과 같은 사이트에서 이러한 장난감을 구입할 수 있다.
3. 볼링장 같은 곳으로 팀 야유회를 간다. 대니얼 핑크는 우뇌를 활성화하기 위해 어린이 박물관에 갈 것을 추천했다.
4. 낙관적인 동기 부여 격언들이 싫다면 www.despair.com에 들어가 보자. 이곳에서 판매하는 티셔츠 중에는 "당신의 블로그보다 더 인기 있는 셔츠"라는 문구가 새겨져 있다. "타협하세요. 아무리 상대방의 의견이 틀렸다 하더라도 서로의 의견을 존중하자고요."라는 글이 적힌 포스터도 있다. 또 침몰하는 배 한 척이 그려져 있고 그 밑에는 "어쩌면 다른 사람들에게 경고의 역할을 하는 것이 당신 인생의 목적일지도."라는 문구가 적힌 포스터도 있다.

내 남편 빌은 아침마다 "염세주의자 머그컵"에 커피를 따라 마시는데, 그 머그컵 중간에는 선이 하나 그려져 있고 "벌써 반이나 비었다."는 문구가 적혀 있다. 외향적인 사람들이나 내향적인 사람들이나 모두 이런 글을 보며 미소를 지을 수 있을 것이다.

연습 단계

프로젝트 관리자로서 당신은 이 장에서 소개한 모든 기술을 연습할 기회가 수도 없이 많다. 프로젝트 관리자로 한층 더 배우고 발전할 수 있는 기회를 이용하라. 반드시 부드러운 기술과 강한 기술을 적절히 사용하도록 하고 대인관계야말로 성공의 비결임을 명심하라.

프로젝트 매니지먼트 협회에 회원 등록을 하자. 이러한 단체는 미국 전역에서 찾아볼 수 있으므로 오프라인과 온라인 단체에 모두 가입하도록 하자. 협회에서 활동을 하면 트렌드를 따라갈 수 있고 지속적으로 교육을 받을 수 있으며 활발한 인맥을 구축해 피드백을 받을 수도 있다. 〈표 11〉에 내향적인 프로젝트 관리자로서 실적을 향상시키기 위한 방법들을 요약해 두었다.

표 11. 프로젝트 이끌기

코치와 멘토를 찾아라
신뢰를 쌓아라
기대치를 말하라

정보를 얻어내라
메시지에 어울리는 수단을
이용하라
스위치 켜는 법을 배워라

준비

존재감

4단계
리더십

연습

추진

부드러운 기술과 강한 기술을
조화롭게 사용하라
프로젝트 매니지먼트 단체에
가입하라

공로를 나눠라
변화에 대처하라
유머의 가치를 인정하라

상사도
관리가 필요하다
Managing Up

마케팅 부서의 새 부장인 짐이 사무실에 짐을 풀기도 전에 팀원들이 줄지어 그의 사무실로 들어갔다. 짐의 직속 부하인 이 여섯 명은 시급하게 예산을 요청했다. 하지만 다이앤은 가만히 앉아 줄지어 상사의 사무실로 들어가는 동료들을 지켜보기만 했다. 동료들을 따라갈 것인지 고민했지만 짐이 새 사무실에 적응할 때까지 기다리고 지켜보았다.

몇 주가 지나도 짐은 다이앤을 사무실로 부르지 않았고 불행히 다이앤도 짐의 사무실을 찾아가지 않았다. 예산안이 결정났을 때 다이앤이 동료들보다 더 적은 예산을 할당받은 것도 당연한 일이었다. 다이앤의 직속 부하들은 그 결정에 실망했지만, 누구보다 실망한 것을 다이앤이었다. 마침내 다이앤이 짐을 찾아갔지만 때는 너무 늦었다. 예산은 이미 다 할당된 후였다.

이렇게 다이앤처럼 두고 보는 것이 올바른 전략일 때도 있긴 하지만 이 상황에서는 다이앤의 머뭇거리는 태도가 다이앤 본인과 부하 직원들에게 해로운 결과를 가져왔다. 필요한 예산을 받지 못했을 뿐 아니라 다이앤은 나약한 리더로 낙인이 찍히고 만 것이다. 당신은 다이앤처럼 침묵을 지키다가 중요한 기회를 놓친 적이 있는가? 상사를 관리하는 법을 배운다면 이러한 도전 과제에 대처하는 데 도움이 된다. 다음번에 다이앤이 또 이러한 상황에 처한다면 어떤 조치를 취할 수 있는지 살펴보도록 하자.

다이앤이 좀 전의 상황에서 4P 리더십를 사용했다면 다음과 같았을 것이다.

💬 준비 단계

- 짐의 뒷배경을 조사한다. 구글 검색을 하고 회사 내의 다른 사람들에게 물어본다. 짐의 커뮤니케이션과 리더십 스타일을 알아낸다.
- 앞으로의 목표에 우선순위를 매기고 그에 따라 필요한 예산을 결정하기 위해 직속 부하들과 회의를 한다.
- 예산 증대를 위해 견고한 사업 계획서를 준비한다.

- 짐에게 할 말의 요지와 던질 질문을 목록으로 만든다.
- 짐과 만날 시간을 정한다.

❗ 존재감 단계

- 짐에게 목적을 설명해 그를 파악하고 그에게 정보를 전달한다. 또한 내 부서에서 필요한 것이 무엇인지도 설명한다.
- 짐의 말을 경청하고 질문을 던지며 친밀한 관계를 쌓는다. 짐의 커뮤니케이션 스타일에 맞게, 예를 들어 간단명료한 스타일이면 간단명료하게, 혹은 좀 더 자유로운 스타일이면 자유롭게 보고한다.
- 필요한 예산이 얼마인지 이야기하고 언제 다시 확인을 해야 하는지 물어본다.
- 미소를 지으며 상냥한 태도로 이야기를 나누고 시간제한을 지킨다.

📢 추진 단계

- 약속한 날짜까지 짐에게 후속 보고를 한다.
- 부하 직원들에게 예산 요청의 진전 상황 및 관련 정보들을 지속적으로 알린다.
- 짐에게 꾸준히 적절한 시기에 후속 보고를 한다.

☀ 연습 단계

- 짐과 정기적으로 회의를 한다.
- 코치들에게 언어 및 비언어로 존재감을 드러내는 방법에 대해 지속적으로 피드백을 요청한다.
- 내가 필요한 것을 상사 및 동료, 부하 직원들에게 요청하는 연습을 한다.

다이앤이 이 전략을 구사한다면 성공 가능성은 증가할 것이다. 좀 더 분명하고 자신감 있게 목표를 제시하고 내향적인 리더로서 상사 및 동료들과 인식 차를 좁힐 수 있을 것이다.

상사의 목표와 긴밀한 관계를 유지하려면 어떻게 해야 하는지 살펴보자. 권모술수는 싫은가? 그렇다면 이를 고결한 권모술수라고 생각해보자. 어떻게 하면 상사에게 영향력을 발휘해 더 강력한 파트너십을 쌓고 당신과 부하 직원들의 목표를 성취할 수 있을까? 피터 드러커는 이렇게 말했다.

"당신은 상사를 좋아하거나 존경할 필요가 없으며 상사를 증오할 필요도 없다. 다만 상사가 당신의 업무 성취와 완수, 개인적 성공의 근원이 되도록 관리해야 한다."[1]

그러면 상사를 관리하기 위해 4P 리더십을 이용하는 법을 살펴보자.

💬 준비 단계

질문에는 커다란 힘이 있다. 전에 근무하던 컨설팅 회사의 한 영업직원은 잠재 고객들에게 도발적인 질문을 던지곤 했다. "무엇 때문에 밤에 잠을 못 이루시죠?" 이러한 질문을 던지면 상대방이 무엇을 걱정하고 무엇을 가장 중요하게 생각하는지를 좀 더 분명하게 이해하고 그 부분에 집중적으로 노력을 기울일 수 있다.

오늘날 상사들은 수많은 기업 혁신 전략으로 지속적인 변화를 꾀하므로, 상사에게 구체적인 질문들을 던지는 것이 커다란 도움이 된다. 상사와 함께 일하기 전에 그리고 업무의 방향이 불분명할 때 상사에게 던져볼 수 있는 질문을 몇 가지 소개하겠다.

▶역할과 목표에 대한 구체적인 질문을 던져라

상사의 목표, 회사의 목표, 그리고 그 전체상 안에서 당신의 역할을 묻는 질문이다. 당신의 업무는 상사가 목표에 도달하도록 돕는 것이고, 그 상사의 업무는 또 그의 상사를 돕는 것이다. 예리한 질문을 던지려면 먼저 회사와 사업, 경쟁적인 업계의 배경에 대해 가능한 한 많이 조사해야 한다. 대화를 나누면서 아래와 같은 질문들을 해볼 수 있다.

- 우리 부서가 이 사업의 비전과 전략에 필요하다고 생각하십니까?
- 제가 참고할 수 있는 목표 서류가 있습니까?

- 우리 회사의 현 상황을 어떻게 생각하십니까?

- 우리 회사는 시장에서 어떤 위치를 차지하고 있습니까?

- 우리 회사의 장장점과 약점은 무엇입니까?

- 우리 부서의 장점과 약점은 무엇입니까?

- 우리 회사의 비용과 수익, 수익성 목표는 무엇입니까? 이런 목표를 돕는 제 역할에 대해 어떻게 생각하십니까?

- 다른 부서의 목표가 우리 부서의 목표와 어떤 연관이 있다고 생각하십니까?(주:이 질문을 던지는 사람은 드물다. 이 질문을 던진다면 다른 부서와 협력할 잠재성 있는 분야를 발견할 수 있을지도 모른다.)

- 제가 생각하는 현재의 도전 과제들과 잠재적인 도전 과제들은 이렇습니다. 우리가 이 도전 과제들을 어떻게 처리하는 것이 좋다고 생각하십니까?

- 이러한 상황에서는 이런 것이 도움이 될 것 같습니다. 저를 이렇게 도와주실 수 있습니까?

- 성공 여부를 어떻게 측정하실 겁니까? (주:30일, 60일, 90일, 그리고 지속적으로 측정할 수 있는 측정법을 요구하고, 그러한 측정법이 없다면 대략적인 목표를 제시한다.)

▶**상사의 스타일을 파악하는 질문을 스스로에게 던져보라**

밍은 내 고객이었다. 그녀는 새로 취직한 회사에서 상사로부터 비판적인 피드백을 받았다고 했다. 내가 좀 더 캐물어보자 밍은 자신이 다른 직원들에게 퉁명스럽게 대한다는 말을 상사에게서 들었다고 털어놓았다. 나는 밍에게 사무실에서 목소리 톤과 얼굴 표정에 유의하고 직원들과 눈을 마주치면 미소를 지으라고 조언했다. 또 좀 더 인내심을 갖고 사람을 대해 보라고 조언했다.

일주일이 지난 후 밍은 상사의 사무실로 찾아가 자신의 태도가 개선되었다는 점을 알아챘느냐고 물어보았다. 그 상사는 무표정한 얼굴로 밍을 쳐다보더니 "무소식이 희소식"이라고 대꾸했다. 이렇게 상사의 스타일을 알면 상사를 관리하는 데 도움이 된다.

밍은 상사의 칭찬을 기대하지 않을 것이며 상사가 칭찬하지 않더라도 심하게 실망하지 않을 것이다. 나는 밍에게 동료들이나 다른 사람들에게 피드백을 요청하라고 조언했다. 마지막으로 밍을 만났을 때 그녀는 직장생활을 잘해 나가고 있었으며 상사의 스타일에 맞춰 지속적으로 상사를 관리하고 있었다.

기질과 스타일은 의사소통 방식에 큰 영향을 미친다. 내향적인 당신은 이미 사람들의 스타일을 예리하게 파악하고 있을지도 모른다. 당신이 카메라 앞에 서서 〈상사와 나〉라는 다큐멘터리 영화를 찍는다고 해 보자. 상사의 사무실은 어떤 모습인가? 책상에 가족사진과 책, 스포츠 기념품들이 놓여 있는가? 책상은 깔끔하게 정리가 되어 있는가, 아니면 어지럽혀져 있는가? 전화로 이야기를 하는가, 아니면 이메일을 보내는가? 이메일보다 음성메일을 선호하는가? 외향적이고 사람들을 직접 만나는 것을 좋아하는 사람인가? 최신 스마트폰을 사용하는가? 직원들을 어떻게 대하는가? 이 모든 것들이 상사와의 관계를 성공적으로 쌓아 가기 위한 단서들이다.

상사가 세상을 보는 시각은 어떠한가? 이를테면 정보와 세부 사항을 중시하는가? 기업 트레이너인 마이라 맬러니는 분석적인 성격의 상사를 다루려면 "이번 주는 실적이 좋습니다."라고 말하는 대신 "이번 주에는 판매량이 23% 상승했습니다."라고 말해야 한다고 조언했다.

상사가 막판에 회의 준비를 하는가, 아니면 며칠 전에 미리 준비를 해두는가? 걸음걸이는 어떤가? 빠른가, 느린가? 나는 에너지가 넘치는 상사를 따라잡기 위해 거의 달리기를 한 적도 있다.

전체상을 생각하는 편인가? 말을 하면서 그때그때 떠오르는 아이디어를 내놓는가? 내향적인 고객 중 한 명은 정사각형으로 나눈 도표에 자신의 생각을 정리해 상사를 찾아갔다. 그 표는 즉시 상사의 관심을 얻었다. 이들을 본받자.

▶상사가 나를 도울 수 있도록 질문하라

지속적인 자기계발을 하지 않는다면 매너리즘에 빠져 상사와 회사에 완전히 기여하지 못하게 될 것이다. 상사들은 대부분 너무 바빠 직원들과 자기계발에 대한 대화를 나누지 못하거나 자기계발에 대한 대화를 나누는 것이 얼마나 중요한지를 모르고 있다. 나는 내

고객 모두에게 이러한 대화를 준비해서 상사를 찾아가 보라고 격려한다. 당신은 다음에는 어떤 단계로 나아갈 것인가? 새로운 기술을 배워 회사의 새로운 분야에 도전해 볼 수도 있고, 전혀 다른 분야의 일에 도전해 볼 수도 있다. 상사에게 어떻게 하면 당신을 도울 수 있는지 알려야 한다. 철저한 준비를 해 두면 상사가 당신의 멘토 역할을 쉽게 수행할 수 있다.

나는 어느 회의에서 우연히 밥 굿이어를 만났다. 밥은 시만텍에서 근무하는 내향적인 제품개발부 관리자인데 변화를 이루기 위해 용기를 내어 부사장을 찾아갔다. 밥은 내게 이렇게 말했다.

"솔직히 컴퓨터 공학 전공으로 대학을 졸업할 때 남은 평생을 골방에 처박혀 프로그램만 만들게 될 거라고 생각했어요. 회사 바깥에는 실제로 돈을 내고 내가 개발한 제품들을 구매하는 '고객'이란 사람들이 있다고 듣긴 했지만 그 사람들과 직접 이야기를 나눠 보고 싶은 생각은 전혀 없었죠. 무서웠거든요. 내가 개발한 제품이 엉망이라거나 뭐 이런저런 불평을 늘어놓을지도 모르잖아요. 그러다가 프로그래밍 언어만 다른 한 프로그램을 다섯 번째로 작업하던 중 퍼뜩 이런 생각이 들더라고요. '잠깐만, 내가 계속 이 일만 한다면 여기서 벗어날 기회가 없어. 뭔가 다른 일을 해야 해.' 바로 그 순간 리스크를 감수하기로 결심했죠. 책상에서 일어나 부사장의 사무실로 걸어 들어가서 저 같은 사람이 할 수 있는 다른 일은 없느냐고 물었어요." 밥의 용감한 행동은 합당한 보상을 받았다.

밥은 영업 교육과 제품 관리 분야의 업무도 보게 되었고, 최근에 우연히 밥을 만났을 때는 업무 때문에 호주 출장을 가는 길이라며 싱글벙글했다.

이 장의 초반부에서 우리는 역할과 목표에 관한 질문들을 살펴보았다. 상사에게 접근할 때 다음과 같은 자기계발에 대한 질문도 던져보자.

1. 제가 맡은 역할에서 상사를 돕기 위해 발휘할 수 있는 장점에는 어떤 것들이 있을까요?
2. 제가 가진 기술과 배경을 효율적으로 사용할 수 있는 프로젝트에는 무엇이 있을까요?
3. 제가 어떤 프로젝트에 참가해야 새로운 기술을 배우거나 새로운 시야를 얻을 수 있을까요?
4. 상사는 저를 기꺼이 코치해 주실 겁니까? 만약 당신의 역할이 아니라고 생각한다면, 추천할 만한 다른 전문가들이 있습니까?

▮ 존재감 단계

상사와 주기적으로 만나는 것이 중요하다. 상사의 우선순위는 급격히 변화할 수 있으므로 당신의 목표와 업무를 수시로 재조정할 준비를 해야 한다. 존재감을 심어 주면 성공적으로 상사를 관리할 수 있다. 상사에게 존재감을 발휘할 세 가지 주요 방법이 있다.

▶자연스럽게 행동하라

상사의 매니지먼트와 리더십 스타일에 적응해야 하긴 하지만, 동시에 당신답게 자연스럽게 행동해야 한다. 상사와 회의를 할 때면 어떤 것이 효과적이고 어떤 것이 효과적이지 않은지 상사에게 피드백을 반드시 얻어내야 한다.

구체적인 피드백을 요구하고 구체적인 질문들을 준비하라. 어쩌면 당신은 재깍재깍 피드백을 주는 상사를 모시는 행운의 인물일지도 모르겠다. 사실 대부분의 상사는 그렇지 않다. 하지만 훈련할 수는 있다. 당신이 먼저 이 피드백 과정을 시작한다면 상사들도 자신의 업무와 태도에 관해 당신에게 피드백을 요청하기 시작할지도 모른다.

목적만 분명하게 전달해 상사의 시간을 존중하라. 상사가 검토해 볼 수 있도록 미리 자료를 보내는 것도 좋다. 상사 또한 내향적인 사람일 때는 특히 그래야 한다. 그런 방식을 사용하면 서로간에 신뢰를 쌓을 수 있다. 내향적인 스콧 바이놈은 이렇게 조언했다. "알랑거리지 마라. 솔직하게 마음을 터놓아라. 그래야 신뢰를 쌓을 수 있다."

고위급 임원 앞에서 겁을 집어먹는 사람들도 있다. 미디어 그룹인 콕스 엔터프라이즈(Cox Enterprises)의 엔지니어링 담당 부사장을 역임한 알렉스 베스트는 이렇게 조언했다. "그냥 당신답게 자연스럽게 행동하라. 용기를 내어 고위급 임원들과 교류하라. 그들과 일상적인 대화를 나누고, 가능하다면 점심식사도 함께 해라. 공통의 관심사를 찾아내라. 그들도 당신과 다를 바 없다는 사실을 깨닫는다면 그들을 이해하고 당신의 의견을 표현하기 훨씬 쉬워질 것이다."

▶낮게 달린 과일을 따라

새 업무를 맡게 되었거나 새 상사를 모시게 되었을 때는 초반에 성과를 내라. 단기간에 쉽게 성과를 얻어낼 수 있는 일을 찾아라. 고객의 요청에 신속하게 대처할 수 있는가, 아니면 새로운 공급업체를 찾아 비용을 절감할 수 있는가? 당신이 이뤄낸 성과는 반드시 서류화하도록 하라. 상사는 결과를 원하므로 아주 작은 것이라도 눈에 띄는 결과를 낸다면 상사는 당신을 눈여겨볼 것이다.

▶징징거리지 마라

상사를 찾아갈 때는 문제점뿐 아니라 해결책도 들고 찾아가라. 상사는 직원들이 불평하지 않고 업무를 해내길 바란다. 세미나 참가자인 루이스는 자신이 부당하게 승진에서 제외되었다고 생각하는 기술 전문가다. 루이스는 자신이 희생자라고 생각했으며, 상사가 자신과 팀원들 간의 갈등을 해결해 주길 바랐다. 루이스의 말에 따르면 팀원들은 의욕이 없고 비협조적이었다. 루이스는 팀원들 때문에 제품 출시가 늦어지고 있다고 불평을 늘어놓았고 매주 이 상황을 상사에게 보고했다. 상사는 루이스를 지지해 주었지만 루이스는 그 상황을 타개할 견실한 아이디어는 하나도 내지 않았다.

상사들은 이러한 사안들은 당신이 알아서 처리하길 바란다. 갈등 해결은 상사가 당신을 독립적이고 주도적인 기여자로 보느냐 아니냐를 결정짓는 고난도 기술이다. 분명 루이스는 조직 내의 기여자로 간주되지 않거나 더 이상 그곳에 근무하지 못하게 되었을 것이다. 인식의 차를 좁히기 위해 스스로 아무런 노력도 기울이지 않았기 때문이다. 어쩌면 루이스는 영화 〈뛰는 백수 나는 건달〉[2]에 등장하는 대인관계 기술이 형편없는 캐릭터 밀턴 웨덤스처럼 지하실로 쫓겨났을지도 모른다.

📢 추진 단계

먼저 상사에게 말을 거는 것은 쉽지 않은 일이지만, 그 밖의 다른 방법으로는 당신이 필요한 것을 충족하기 어렵다. 다음의 세 가지 추진 전략을 구사한다면 상사에게 먼저 다가가는 데 점차 능숙해질 것이다.

▶ 대담하게 말하라

나는 최근에 조용한 성격의 친구 사샤를 우연히 만났다. 사샤는 암투병 중이면서 재무 관리부의 관리자라는 막중한 임무도 맡고 있었다. 어떻게 지내고 있느냐고 묻자 사샤는 이렇게 대답했다.

"그럭저럭 잘 버티고 있어. 그리고 상사와 자꾸 만나려고 노력하는 중이야. 지금 상사는 캘리포니아에 있고 나는 이스트코스트에 있어. 의사들이 너무 무리하지 말라고 만류하긴 하지만 직접 상사랑 얼굴을 마주 보고 앞으로의 일을 의논해야 할 것 같아서. 상사는 내 자리를 그대로 두겠다고 약속했고 다 괜찮다고 말하긴 했지만, 직접 상사의 눈을 마주 보고 그 사람 목소리를 듣고 내가 병가로 회사를 자주 비우는 것을 정말 어떻게 생각하는지를 판단하고 싶었거든. 내 계획과 업무 처리 방식을 지속적으로 알렸는데, 내가 생각했던 것보다 이야기가 훨씬 잘 풀렸지 뭐야. 상사와 직접 만나 보길 잘했어."

상사에게 피드백을 주는 것은 강한 파트너십을 구축하는 데 중요한 요소다. 물론 긍정적인 피드백과 개선해야 할 점에 대한 피드백 모두 주어야 한다. 외부와 단절된 상태에서 혼자 일할 수 있는 사람은 아무도 없다. 약점이 없는 완벽한 사람도 없다. 관리자들은 조직에서 위쪽으로 옮겨갈수록 자신의 행동이 다른 직원들의 실적에 어떤 영향을 미치는지 피드백을 받는 일이 드물다. 상사의 반응이 두려워 아무 말도 하지 않는다면 당신의 자리를 보전할 수 있을지는 몰라도 상사와 파트너십을 강화하지는 못할 것이다.

그렇다면 먼저 상사를 찾아가 대화의 물꼬를 트려면 어떻게 해야 할까? 간단하게 "피드백 좀 드려도 될까요?"라고 말해 볼 수도 있다. 특정한 태도나 상황이 발생한 직후 적당한 장소에서 그에 대한 피드백을 주되 구체적이고 명료하게 전달해야 한다. 그 대안도 반드시 제시하도록 하자. 나는 기억하기 쉬운 '상황-행동-결과' 방법을 즐겨 사용한다. 먼저 상황을 설명한 다음, 당신이 취한 행동과 그 행동으로 인한 결과를 설명하는 방법이다. 그런 다음 대안과 그 대안을 따랐을 때 발생할 결과를 설명한다. 즉, 문제점을 해결할 방법을 당신이 제안하는 것이다. 피드백의 목표는 상대방을 탓하는 것이 아니라 건설적인 변화를 이끌어내기 위한 대화를 나누는 것이다. 마감이 임박해서 업무를 맡기는 상사에게 이 방법을 이용해 피드백을 주는 사례를 소개하겠다.

상황: 어제 ○○님께서 퇴근시간 전까지 주간 보고서를 마치라고 지시하셨습니다.

행동: 그래서 저는 그 보고서를 제시간에 완성했습니다. 하지만 마감 시간이 촉박해서 다시 검토해 볼 여유가 없었습니다.

결과: 따라서 그 보고서에는 우리의 업무 진행을 늦출 수도 있는 실수가 포함되어 있을 가능성이 있습니다.

대안: 앞으로 주간보고서 작성을 맡기실 때는 하루 일찍 말씀해 주시면 좋겠습니다.

대안 결과: 우리 부서가 자랑스러워할 만한 양질의 완벽한 보고서를 작성할 수 있습니다. 어떻게 생각하십니까? (주:당신이 낸 해결책이나 대안은 상사와 의논을 한 후에 변경될 수도 있다.)

캐나다 출신의 세일즈 트레이너인 켈리 로버트슨은 유용한 조언을 해주었다. "상사와 문제가 있다면, 반드시 그 문제를 해결하고 넘어가야 해요. 너무 많은 직원들이 상사를 욕하고, 불평을 늘어놓고, 징징거리면서도 문제점을 해결하려는 시도는 거의 하지 않습니다." 켈리는 아래의 사례를 제공해 주었다.

전에 다니던 직장에서 저는 전(前) 상사와 전혀 스타일이 다른 상사를 모시게 됐습니다. 그전에 저는 일주일에 사나흘은 재택근무를 했는데, 새 상사는 사무실에서 직접 얼굴을 마주 보고 대화를 나누길 원할 뿐 아니라 제 업무에 세세하게 참견하기 시작했습니다. 결국 전 상사와 마주 보고 앉아서 내 방식대로 업무를 처리하게 둔다면 상사가 목표를 성취하고 더 나은 결과를 얻을 수 있도록 이렇게 저렇게 돕겠다고 설명을 했습니다. 물론 프로젝트 진행 상황은 지속적으로 보고하겠다고 양보를 했죠. 저는 프로젝트 진행 상황을 포함해 매주 업무 보고서를 이메일로 보내기 시작했습니다. 그리고 이 이메일들이 쌓여 월간 보고서가 되었죠. 제가 직장생활을 하면서 깨달은 가장 흥미로운 점 중 하나는 많은 상사들이 직원들이 자신을 어떻게 생각하고 있는지 전혀 모른다는 점입니다.

▶상사를 관리하지 말아야 할 때를 알라
주의해야 할 점은 당신의 상사도 열린 마음으로 피드백을 받아야 한다는 점이다. 만약 당신의 상사가 피드백을 받는 것을 불편하게 느낀다거나 당신이 속한 조직이 혼란스러운 상황이라면 피드백을 주는 것이 현명한 방법이 아닐 수도 있다. 오히려 당신의 지위를 위태롭게 할 수도 있다. 이러한 경우 조직 내에서 당신이 존경하는 사람들에게 상사를 어떻게 다루어야 하는지 조언을 구하고, 상사에게 피드백을 주지 못하더라도 상사에게서 배울 점이 많다는 사실을 명심하도록 하자.

상사 관리가 효과를 발휘하지 못하는 또 다른 상황은 상사가 비윤리적인 태도를 보일 때다. 나는 회사 서류를 위조해 달라는 것부터 여행 경비를 속이는 것까지 상사에게 갖은 부탁을 받는 직원들을 코치해 보았다. 이 직원들은 상사에게 이의를 제기한 후에도 상사가 태도를 바꾸지 않자 어쩔 수 없이 이러한 위반 행위를 적절한 부서에 보고하는 수밖에 없었다. 비영리 조직의 임원인 앤 볼은 다른 사람에게 솔직하지 못한 상사를 모셨다. 그 상사는 냉소적이고 유치하며 변덕스러운 데다 비윤리적이었다. 아무리 '상사 관리'가 중요하다 해도 이런 유형의 상사를 극복하는 것은 불가능하다.

상사에 대한 신뢰가 무너져버린 상황에 처했다면, 좌절감에 회사 다닐 맛도 나지 않을 것이다. 그렇다면 이직을 생각해 봐야 한다.

▶ 변화를 훤히 꿰뚫고 있어라

나는 앞서 상사가 가장 중요하게 생각하는 우선순위 세 가지를 안다면 당신의 업무를 관리하고 어디에 집중할지 결정을 해 최선의 방법으로 상사를 도울 수 있다고 했다. 상사의 목표가 무엇인지 안다면 상사를 이해할 수 있다.

상사와 의사소통을 하면 회사 내의 변화에 관한 대화를 지속적으로 나눌 수가 있다. 상사에게 당신이 입수한 아이디어나 트렌드를 전할 수 있다. 내 수업을 듣는 사람 중 서그라는 내향적인 식스 시그마 블랙벨트 전문가가 있었다. 그는 그 직책을 맡은 지 얼마 되지 않았는데도 불구하고 상사의 신뢰를 얻는 데 성공했다.

서그는 국제적인 다기능 프로젝트 팀에서 근무하고 있어 중요한 고객 데이터와 신기술 정보를 수집해 소속 부서에 제공할 수 있었던 것이다. 덕분에 그는 변화의 시기에 살아남았고 모든 팀에서 데려가길 원하는 직원이 되었으며, 그의 상사는 부서 전체가 존재감을 얻도록 도와준 서그의 공로를 인정하고 고마워했다.

연습 단계

상사를 관리하는 데는 과학과 기술이 모두 필요하다. 가이드라인이 있긴 하지만 그 수행 방법은 광범위하다. 정기적으로 만나고, 질문을 던지고, 피드백을 제공한다면 상사의 목표와 당신의 목표를 일치시킬 수 있다. 지속적으로 상사와 대화를 나누어 상사가 어떻게 변화하고 있는지를 알아내야 한다. 이는 당신이 옳은 방향으로 나아가고 있는지를 확인하고, 엉뚱한 길로 가고 있다면 방향을 수정하기 위해 어떤 조치를 취해야 하는지를 알 수 있는 유일한 방법이다.

또 조직에 대한 지식을 꾸준히 쌓아 당신의 목표를 회사의 목표와 일치시키도록 해야 한다. 이렇게 한다면 앞으로 상사에게 소중한 파트너가 될 수 있을 것이다.

┃ 표 12. 상사 관리하기 ┃

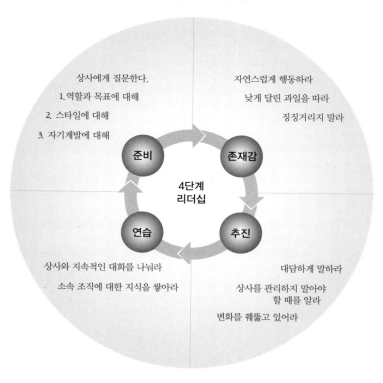

회의를
게임하듯 즐기려면

The Meeting Game

마케팅 담당 임원인 칼로스는 주간 전화회의에 참가하기 위해 수화기를 들었다. 일단 가벼운 담소를 나누는 동안 칼로스는 이번에는 다를 거라는 확신이 들었다. 그동안 전국에 흩어져 있는 외향적인 직원들과 전화회의를 하면서는 자신의 아이디어를 내놓기가 어려웠다. 이번에는 반드시 상사가 자신의 이야기에 귀를 기울이게 만들리라 다짐했다.

회의는 순조롭게 출발해 의제를 놓고 열띤 토론이 벌어졌다. 칼로스는 상황 보고를 해달라고 요청을 받았을 때는 잘 해냈지만, 새 마케팅 계획을 두고 엎치락뒤치락하며 대화가 계속되자 어떻게 대답해야 할지 너무 오랫동안 고민하고 말았다. 칼로스가 대답을 할 준비가 되었을 때쯤엔 벌써 회의는 끝나는 분위기였고, 그는 서부 지역에 대한 전문 지식을 선보일 기회를 놓쳐버리고 말았다. 이보다 더 안타까운 것은 칼로스가 상사와 동료 직원들에게 기여자로 비칠 수 있는 기회도 놓쳤다는 점이다.

칼로스가 전화회의에 참가한 목적은 올바른 목표를 향해 나아가는 것이었다. 그리고 심도 깊은 분석을 내놓는 것이었다. 그가 실패한 이유는 행동을 제대로 하지 못했기 때문에, 즉 앞에 나서서 자신감 있게 자신의 아이디어를 내놓지 못했기 때문이었다.

칼로스처럼 당신도 회의 때 투명인간이 된 듯한 기분을 느껴 본 적이 있는가? 당신이 내향인이라면 회의 때 보통 입을 꾹 다물고 주눅이 들어 있을 것이다. 특히 주변에 외향인들이 많을 때는 더욱 그럴 것이다. 앞에 나서서 아이디어와 조언을 내놓지 않으면 첫째, 당신이 기여한 공을 인정받지 못하고 둘째, 다른 이들이 당신의 아이디어를 갈취하고 선수를 치거나 셋째, 팀에 별다른 기여를 하지 못하는 사람으로 비춰지는 손해를 볼 수 있다.

회의 때 어떻게 행동하느냐에 따라 당신의 경력이 발전할 수도 있고 꺾여버릴 수도 있다. 호프스트라대학[1]에서 실시한 한 연구에서는 관리자 다섯 명 중 네 명이 회의 참여도에 대해 서로를 평가했다. 연구에 참가한 87%의 사람들이 회의 참여도가 높은 사람이 리더십도 좋다고 평가했다. 즉, 회의에서 어떻게 하느냐가 당신의 리더십 역량에 영향을 미치는 것이다. 논점도 결과도 없는 회의에 시간을 낭비하고 싶은 사람이 누가 있겠는가? 회의가 원활하게 진행되어야 조직에게 이득이다. 관리자들은 근무시간의 4분의 1 이상을 회의하는 데 사용하며, 조직들은 생산성 없는 회의에 연간 600억 달러 이상을 사용하고 있는 것으로 추정된다. 이 얼마나 아까운 시간과 돈 낭비란 말인가!

그러니 내향적인 리더인 당신이 회의가 원활하게 운영되도록 하기 위해 할 수 있는 일들을 살펴보자. 앞에서 예로 든 칼로스는 회의에서 자신의 입지를 탄탄히 하기 위해 4P 리더십을 사용해 볼 수 있었다. 그랬더라면 상황은 달라졌을 것이다. 칼로스는 적절한 기회에 코멘트를 날려 투명인간이 되는 것을 피하고, 다른 사람들이 하는 말을 간단하게 받아 적어 그에 대한 간략하고 설득력 있는 답변을 할 수 있었을 것이다. 4P 리더십을 이용해 회의를 마스터하는 방법을 살펴보자.

💬 준비 단계

성공한 내향적인 리더들은 대인관계에 대비한 전략을 짠다. 이렇게 미리 전략을 짜두면 회의를 '비밀스러운 사내 암투'가 아닌 테니스 같은 게임으로 여길 수 있다. 경쟁적인 스포츠를 할 때는 먼저 게임의 룰을 배워야 한다. 먼저 몇 경기를 지켜보고, 레슨을 받고, 점수를 매기는 방법을 포함해 경기의 규칙을 배운다. 점차 게임에 숙달하면서 적수를 가늠하고 전략을 개발하는 법도 배운다. "저 사람들은 백핸드가 약하니까 저쪽으로 쳐야겠어."라든가 "저 쪽이 백코트에서 왔다 갔다 하고 있으면 네트로 돌진해야겠어."라 는 식으로 말이다.

타고난 능력에 이렇게 전략을 짜면 강력한 선수가 될 수 있다. 회의를 계획하는 것도 이와 다를 것 없다. 회의 전에 만반의 준비 를 해야 한다. 첫째로 회의의 목표를 알고, 둘째로 회의의 의제를 알고, 셋째로 어디에 앉고 언제 일어설지를 계획하는 것이다.

▶회의의 목표를 알라

회의의 목표가 무엇인가? 참석한 사람들에게 결정을 통보하는 것인가, 아니면 결정을 납득시키는 것인가? 아니면 결정을 내리는 것인가? 문제 해결인가, 아이디어 창출인가, 감정 분출인가, 성과 인정인가? 회의에서 성취하고 싶은 분명한 목표가 없다면 비효율 적인 회의가 될 것이 뻔하다.

회의에 참석해 달라고 요청받은 이유는 무엇인가? 습관적으로 당신의 이름을 명단에 넣은 것인가? 상사가 부재중이라 대신 참석 해 달라는 요청을 받은 것이라면 결정을 내릴 권한도 위임받은 것 인가? 그렇지 않다면 그 상사가 회의에 참석할 때까지 결정이 보 류될 것이므로 당신이 대신 참석하는 것은 회의 진행을 사실상 지 연시킬 수 있다.

▶ 의제를 준비하라

의제 없이 회의에 참가한다는 것은 수중음파탐지기도 없이 배를 타는 것이나 마찬가지로, 의제가 없으면 회의에 기준틀도 없고 회의 진행 상황을 측정할 방법도 없다. 회의를 진행하는 것은 당신의 역할이 아니라고 생각해 계속 제자리에서만 뱅뱅 돌게 될 것이다. 하지만 당신이 자신의 시간과 경력을 소중히 여긴다면 회의의 방향을 설정하고 앞으로 나아가게 하는 것이 당신의 역할이라고 생각해야 한다.

회의에 만반의 준비를 해서 완전한 기여를 할 수 있도록 팀 리더에게 미리 의제를 알려 달라고 부탁해 상사를 관리할 수 있다. 당신이 의제를 준비하겠다고 제안하고 그 의제를 상사나 팀 리더에게 넘길 수도 있다. 이는 한 단계 발전할 수 있는 훌륭한 방법으로 회의 중에 더 자신감을 가지고 발언할 수 있을 것이다.

자신의 스타일을 아는 한 내향인은 내게 이렇게 말했다.

"제 전임 상사는 외향적인 사람이었는데 우린 꽤 괜찮은 방법을 사용했어요. 중요한 회의가 열리기 전에 상사가 제 사무실을 찾아와 서면으로 된 제안서 한 장을 주는 거예요. 그러고는 나가면서 이렇게 말하죠. '자네, 이걸 한번 살펴봐. 5분에서 10분 후에 다시 오겠네.' 이 행동은 우리 모두에게 커다란 도움이 되었습니다. 덕분에 저는 그 사안을 심사숙고할 시간을 얻고 상사는 다시 돌아와 편하게 자기 의견을 털어놓고 그에 대한 제 의견도 물어보는 거죠."

▶회의실 안에서 일찍 목소리를 내라

사람들이 당신에게 무엇을 기대하고 있는지, 회의에서 어떤 결과를 이끌어내고 싶은지, 회의에 어떤 사람들이 참석할 것인지를 안다면 회의 수행 전략을 세우고 회의에서 꺼낼 발언을 계획할 수 있다. 물론 회의가 시작된 후 5분 내에 첫 번째 발언을 해야 한다. 오래 기다릴수록 발언하기가 어려워지므로 빨리 목소리를 내야 한다.

발언을 하든, 질문을 하든, 다른 사람이 한 말을 더 쉽게 풀어 설명하든, 초기에 하는 것이 더 쉬우며 그러면 당신은 기여자로 인식될 것이다. 회의에서 발언을 할 생각만 해도 오금이 저리다면 미리 거울을 보면서 연습을 해보자. 연습하고 집중한다면 할 수 있다.

▶어디에 앉고 언제 일어설지 계획하라

회의실에서는 앉을 자리를 영리하게 골라야 한다. 파이어플라이 퍼실리테이션(Firefly Facilitation)의 CEO인 킴벌리 더글러스는 회의실 구석 자리에 숨고 싶은 욕망을 억누르고 리더에게서 두세 자리 정도 떨어진 곳에 앉으라고 조언했다.

그렇다면 전화회의에서는 어떻게 해야 할까? 앉지 말고 일어서라. 그렇다. 상대편이 당신의 모습을 볼 순 없지만 당신의 목소리에서 더 많은 에너지를 느끼게 될 것이다. 자리에서 일어서면 횡격막이 열리고 더 많은 산소를 들이마셔 활기찬 목소리가 나온다는 건 이미 입증된 과학적 사실이다.

예정 시간보다 조금 일찍 전화를 연결해 두어라. 리더 및 다른 팀원들과 나눌 가벼운 인사말과 잡담을 준비해 두자. 이렇게 관계를 다져 두면 실전 회의에 돌입해 의견 교환을 할 때 커다란 도움이 된다. 이미 존재감을 확립해 두었기 때문이다. 전화회의를 할 때는 시각적인 효과를 사용할 수 없기 때문에 효과적인 커뮤니케이션을 하려면 목소리와 단어를 활용하는 것이 더욱 중요하다.

🗨 존재감 단계

여기서는 회의 게임을 하면서 존재감을 확립하는 방법들을 소개하겠다. 그 방법은 첫째로 기본 원칙을 정하고, 둘째로 회의 멤버들을 참여시킬 독창적인 기술을 구사하고, 셋째로 의사결정과 브레인스토밍을 분리하는 것이다.

▶기본 원칙을 정하라

다시 한번 테니스에 비유해 보자. 테니스 같은 경기를 할 때 중요한 것은 코트 위에서 어떠한 경기를 펼치느냐다. 바람이 강할 수도 있고 어쩌면 발목을 다쳤을 수도 있지만, 승자가 되기 위해서 계속해서 공을 쳐야 한다. 회의에서도 마찬가지다. 여러 가지 변수가 생길 수 있지만 궁극적으로 회의는 운영 방식에 따라 흥하고 망한다. 당신이 참가하는 회의를 좀 더 생산적인 회의로 만들고 싶다면 다음 회의에서 이러한 원칙을 세워 보자.

기본 원칙(표 13 참조)이란 팀이 따르겠다고 동의한 가이드라인이다. 이 기본 원칙을 세워두면 회의가 진행되는 동안 참가자들을 어느 정도 통제할 수 있다.

기본 원칙을 세울 때는 몇 가지 고려할 부분들이 있다. 첫째, 당신이 속한 문화권과 조직의 문화를 고려해야 한다. 둘째, 그룹과 함께 원칙을 논의하고 동의를 얻어야 한다. 그렇게 정한 원칙은 모두에게 분명히 알리고 적용하도록 하자.

회의 리더인 당신은 제안된 원칙에 동의하거나 동의하지 않을 경우 엄지손가락을 올리거나 내리는 식으로 의견을 내 달라고 부탁할 수도 있다. 회의 막바지에는 2~3분 정도 시간을 내 회의를 개선하기 위한 제안을 받아보자. 참석한 모든 사람들에게 회의가 잘 진행된 점 한 가지와 개선해야 할 점 한 가지를 적어 달라고 요청하라. 회의실의 온도나 프로젝트에 관한 건의 사항을 받을 수도 있다. 이러한 건의 사항은 참석자들에게 읽어주고 필요하다면 설명을 요구할 수도 있다. 그런 다음 해결책을 제안하거나 혹은 다음 회의가 오기 전까지 피드백을 반영해 조절할 수도 있다.

능동적으로 원칙을 실행하라. 내가 아는 한 그룹은 '제시간 지키기'란 원칙을 세웠다. 이들은 회의가 시작되면 문을 잠그기로 했다. 모두가 동의했고 그 이후로 회의에 자주 지각하던 팀원 몇 명에게서 예상했던 변화가 나타났다. 회의가 시작되는 제시간에 나타난 것이다!

- **제시간을 지키자** – 회의의 시작 시간과 마무리 시간, 휴식 시간을 지킨다.

- **참여하라** – 입으로, 머리로 참여하라.

- **존중하라** – 다른 사람이 발언할 때 잡담을 나누지 말고, 발언은 한 번에 한 사람씩 한다.

- **휴대전화는 진동 또는 무음으로 해 둔다.**

- **노트북은 금지** – 회의에 집중하지 못한다.

- **주제에 대해 말하라** – 요점에 집중하라.

- **비밀 유지** – 회의실에서 나눈 이야기는 거기서 끝낸다.

- **침묵하기** – 생각을 정리할 시간이 필요하다

▶팀원들을 참여시키기 위해 독창적인 기술을 사용하라

훌륭한 테니스 코치들은 기술을 향상시키기 위해 다양한 훈련 방법을 사용한다. 마찬가지로 팀 리더들은 다른 전략뿐 아니라 내향인들이 특히 편하게 여길 만한 '우뇌' 전략을 짤 때 다양한 방법을 사용한다. 브레인스토밍은 다들 잘 알고 있을 것이다.

내향적인 사람들에게는 이 브레인스토밍을 변형한 '브레인라이팅(brain writing)'이라 불리는 기술이 효과적일 수 있다. 방법은 이렇다. 종이 맨 위쪽에 문제점 하나를 쓰고 해결책을 요구한다. 그 종이를 테이블에 앉은 사람들에게 돌린다. 첫 번째로 종이를 받은 사람이 종이 위에 자신의 아이디어를 적고, 다음 사람은 첫 번째 사람의 의견을 기반으로 더 발전시키든지 혹은 새로운 아이디어를 적는다. 이렇게 해서 나온 아이디어들은 그때그때 말로 내놓는 아이디어보다 더 탄탄하기 마련이다.

다른 사람들의 아이디어를 보면 두뇌는 자극을 받고 활성화된다. 브레인스토밍 기술을 내향인과 외향인 모두에게 적용할 수 있는 기술로 변형하는 방법을 더 알고 싶다면 www.aboutyouinc.com을 방문해 보자.

▶의사결정과 브레인스토밍을 구분하라

내향적인 사람들은 발언을 하기 전에 정보를 처리할 시간을 원할 때가 많으므로, 이 두 가지 기능을 별개의 회의로 계획하라. 시간 여유가 없거나 하루 종일 하는 회의라면 휴식 시간을 늘려 참가자들이 회의실에서 벗어날 여유를 주는 것이 좋다. 이는 어느 회의에나 적용해도 좋은 방법이다. 창조적이고 감성적인 우뇌는 논리적인 정보 처리와 사고를 담당하는 좌뇌와 별개로 작동한다. 휴식 시간을 갖는다면 두뇌 전체를 활용할 수 있다.

마틴 슈미들러도 이 방법을 적용하고 있다. 팀원들이 그가 결정을 내리길 원할 때면 그는 다음 날까지 답변을 주겠다고 말해 시간을 번다. 팀원들은 대개 그 답변에 수긍한다. 슈미들러는 "다 내가

하기에 달린 겁니다."라고 말했다.

📢 추진 단계

다음의 세 가지 추진 전략으로 회의를 한층 더 높은 수준으로 끌어올리자. 첫째로 기술을 적절히 이용하고, 둘째로 회의에 몰입하고, 셋째로 토론에 참가하는 방법이다.

▶기술은 친구이자 적이다

내 테니스 코치는 학생들이 공을 코트 온 사방으로 칠 수 있도록 돕기 위해 도로 공사장 표지판으로 사용하는 주황색 원뿔을 가져왔다. 하지만 경기 당일에는 그런 소품들을 늘어놓을 수가 없다. 당일에는 경기 자체에 몰두해야 한다.

주황색 원뿔 같은 기술은 회의에서 사람들의 눈길을 앗아갈 수 있다. 외향적인 사람이나 내향적인 사람 모두 주황색 원뿔에 시선을 빼앗길 수 있다. 내향적인 사람들은 이메일이나 인스턴트 메시지, 문자, 인맥 사이트를 통해 의사소통하는 것을 편하게 여기는 경우가 많지만 이러한 도구들 때문에 회의 시간에 한눈을 팔 수도 있다.

이러한 기술 사용에 저항하는 사람들도 있어 일부 조직에서는 회의실에 노트북 반입을 금지하고 있다. LA 타임스에 실린 한 기사[2]는 이를 "벌거벗기"라 일컬었다. 이 기사에 따르면 애견 정보 공유 사이트인 독스터(Dogster Inc.)의 공동 창립자 존 바는 회의 시간에 노트북을 사용하는 것에 대해 이렇게 말했다.

"그것은 공동의 문화를 창조하겠다는 철학을 저버리는 짓이다. 연설자의 말을 노트북에 받아 적는다 하더라도 그건 연설자에게 정말로 그 사람의 말에 귀를 기울이고 있다는 자연스럽고 인간적인 신호를 보내는 것이 아니다. 그런 분위기에서는 분노가 쌓이기 마련이다. 노트북을 가져오지 않으면 사람들은 더 나은 커뮤니케이션을 하며 커뮤니케이션의 흐름도 더 빨라질 수 있다."

한 고객은 전화회의를 할 때 "송신 음성 소거 버튼을 누르지 말 것"이라는 원칙이 있는데, 이 원칙 덕에 회의 참가자들이 회의에 참가하는 동안 다른 일에 한눈팔지 않고 회의에만 더 집중하게 되었다고 했다.

회의 시간에 첨단 기술 도구를 사용하다가 판매 기회를 놓칠 수도 있다. 어느 전화회의에서 고객과 이야기를 나누던 서너 명의 직원들이 훌륭한 아이디어를 떠올렸다. 이 직원들은 고객이 똑같은 아이디어의 개요를 이야기했다는 사실을 모른 채 고객과의 이야기를 잠시 뒤로 미루고 자기들끼리 '이 놀라운 아이디어'에 대해 토론했다. 이들이 토론을 마치고 다시 고객과 전화를 연결해 혁신적인 컨셉트를 내놓는 순간 고객의 말에 진실로 귀를 기울이지 않았다는 점이 발각되어 창피만 당했다. 회의는 다시 원점으로 돌아가고 말았다.

하지만 이러한 기술이 회의에서 자산이 될 수도 있다. 《포춘》지 선정 50대 기업 중 한 곳에 근무하는 마케팅 관리자 메리 오어는 내게 인스턴트 메시지를 사용한 경험을 털어놓았다. 고객이나 고위급 임원에게 아이디어를 선보이기 전에 회의 참가자들끼리 의견이 일치하는지 확인하기 위해 서로 인스턴트 메시지나 문자를 주고받는 경우가 잦다고 했다. 일종의 '최첨단 확인 수단'인 셈이다. 메리와 다른 직원들은 이 방법이 대화를 나누고 능률적인 커뮤니케이션을 할 수 있는 훌륭한 방법이라고 여기고 있었다.

웹 회의, 웨비나(웹과 세미나의 합성어-옮긴이), 인터넷 강의와 같은 가상 기술이 성장한 덕에 서로 대화를 나누고 시각적인 메시지를 전달할 수 있게 되었다. 이러한 기술을 사용하면 회의 리더에게 즉각적인 피드백을 줄 수 있으므로 상호작용에 아주 유용하다. 내향적인 사람들은 글로 적어 답변을 줄 수 있기 때문에 이러한 기술을 이용하는 게 더 편하게 느껴질 수도 있다. 반면에 사람들과 직접 접촉하지 않는다는 점에서 회의에 제대로 참여하지 않거나 투명인간이 되는 등의 문제점을 야기할 수도 있다. 생생한 존재감을 유지해 사람들의 주목을 받도록 하자. 규칙적으로 질문을 던지고 코멘트를 하고 가상회의에 수반되기도 하는 온라인 설문 조사에 응하라.

▶회의에 몰입하라
내향인의 듣고 관찰하는 성향이 이 부분에서 진가를 발휘할 수 있다. 먼저, 자신을 관찰할 수 있다. 현재에 집중하고 있는가, 아니면 딴 데 정신을 팔고 있는가? 특정한 인물들이 회의를 장악하고 있는가? 용기를 내어 발언을 하고 다른 사람들도 발언하도록 격려하라. 결국 회의의 목적은 모든 사람들에게서 최선의 생각을 듣는 것이 아닌가. 〈표 14〉에 당신이 회의에서 적용하거나, 당신이 회의 참석자일 경우 회의 리더에게 추천해 줄 수 있는 실용적인 추진 전략 몇 가지를 실어 두었다.

▶토론에 참가하라

앞서 소개한 칼로스의 사례에서 봤듯이 추진이란 수다쟁이들의 방해에도 불구하고 꿋꿋이 의견을 내놓는 것을 의미하기도 한다. 자료를 준비하고, 필요하다면 뛰어들 준비도 해 두자. 수다쟁이들이 발언을 독점할 때 성공한 내향적인 리더들이 발휘한 추진 전략을 몇 가지 소개하겠다.

▎회의에서 수다쟁이들을 처리하기 위한 전략

- 동의의 뜻으로 미소를 짓거나 고개를 끄덕이지 마라. 이는 말이 장황한 수다쟁이들을 더욱 부추기는 꼴이다. 무표정을 유지하자.
- 참지 못하고 맞서서 고함을 지르지 마라. 상황이 진정될 때까지 그 주제를 보류하든지, 토론을 연기하자고 제안하라.
- 만약 수다쟁이가 끊임없이 말을 늘어놓는다면 그만하라는 신호로

한 손을 들어 올려라. 그리고 이렇게 말해라. "이제 그만 다른 이야기로 넘어갔으면 합니다."

- 수다쟁이가 당신의 말을 가로채면 뉴스쇼에서 전문가가 강한 목소리로 "지금 내가 이야기하고 있는 중이지 않습니까. 내가 이야기를 마친 후에 발언하셨으면 좋겠군요."라고 말하는 장면을 본받아 그대로 쏘아붙여 주자.

- 코멘트를 미리 준비하고 자신감 있게 발언하라. 단기대출 금융업체인 어드밴스 아메리카(Advance America)의 업무 지원부 관리자인 트리나 톰슨은 내게 이렇게 말했다. "사람들의 눈을 똑바로 쳐다봐야 해요. 사람들은 당신이 준비되어 있는지 아닌지 귀신같이 알아채죠."

- 기회를 놓친다면 바로 다음 기회를 노려라. 트리나는 "한마디라도 거드는 것이 침묵하는 것보다 낫다"는 사실을 깨달았다고 했다. 한마디라도 거들어야 사람들은 당신이 무엇인가 기여할 수 있다는 사실을 알고 다음번에도 당신에게 실력을 발휘할 기회를 주거나 회의장 바깥에서 당신에게 상담을 할 가능성이 높아진다.

❚ 표 14. 회의에 몰입하기 위한 기술들 ❚

- 회의의 서기 역할 등을 자청한다.

- 참가자 중 한 명이 한동안 발언을 하지 않았다면 그 사람의 이름을 호명하고 그 사람의 생각을 물어본다.

- 질문을 하나 던지고 그 대답들을 체계적으로 정리한다. 그 주제에 대해 각자 2분씩 돌아가며 의견을 내달라고 하고 그 시간을 엄수한다.

- 전화회의와 웹 회의를 할 때는 동쪽부터 서쪽, 혹은 알파벳 순으로 돌아가며 발언한다. 참가자들의 위치를 확인하기 위해 화이트보드를 사용하자. 참가자들에게 주제에 대해 의견을 내달라고 부탁한다.

- 글로 적는다. 회의실에서 모여서 하는 회의든 원격회의든, 회의를 하기 전에 사람들에게 2~3분간 자신의 생각을 적어 달라고 부탁한다. 이렇게 나온 글들을 참가자들과 공유하는 회의 기술을 사용할 수 있다. 외향적인 사람들은 성격이 급해 조바심을 낼 수도 있지만 그런다고 죽지는 않는다! 이 기술을 사용하면 정보량이 훨씬 더 풍부해질 것이다. 나는 지난번에 회의를 하면서 생각을 위한 휴식 시간에 잔잔한 음악을 틀어 놓았는데 그 효과는 대단했다.

- 팀을 더 작은 그룹으로(4~6명 정도) 나누어 문제점을 토론하고 그 의견을 보고하도록 한다. 회의실의 에너지가 눈에 띄게 상승하고 내향적인 사람들의 목소리도 들리게 될 것이다. 나는 이 방법을 수백 번도 더 써봤는데 사람들의 참여를 이끌어낼 수 있는 확실한 방법이다.

👆 연습 단계

한번 상상해 보자. 참가하는 회의마다 사람들은 당신의 의견을 존중한다. 모두가 당신을 자신의 팀으로 데려가고 싶어한다. 당신은 프로젝트를 진행하기 위해 필요한 안건을 주제로 회의를 진행한다. 당신은 조직 안팎의 사람들로부터 눈에 띄는 존재가 되어 탄탄대로를 달린다. 당신은 하루 종일 회의에만 몰두할 수 없는 사람들을 대신해 업무를 해결해 주기 때문에 수퍼히어로처럼 떠받들어지고 있다. 당신의 회사는 효율적인 회의 덕분에 수백만 달러의 비용 절감 효과를 거두고 있다. 꿈만 같은가? 하지만 당신이 회의 게임의 기술을 연습한다면 현실이 될 수 있는 일이다(표 15 참조).

당신도 회의 주재 전문가가 될 수 있다. 기술 전문가들은 대부분 주재 전문가라는 개념을 잘 알고 있다. 조직의 대다수가 회의 운영의 기본조차 모르고 있으니 회의에 다른 방식으로 접근해 보는 것은 어떨까? 당신이 회의의 의제를 만들고, 기본 원칙을 세우고, 새로운 참여 기술들을 만들어낼 수 있다. 회의를 이끌어 나가는 데 있어 작은 변화들이 큰 차이를 만들어낼 수 있다.

최근 내 고객이었던 재닌의 예를 들어보겠다. 재닌은 대규모 휴대전화 업체에서 근무하며 승진을 거듭해 온 IT 부서의 내향적인 관리자다. 그런데 얼마 전 새로 합류하게 된 부서에서 열리는 회의들은 아주 역기능적이었다. 팀원들은 회의 중에 서로 고함을 지르고 싸움을 벌이기도 했다. 자신을 통제할 줄 아는 재닌은 맞받아

고함을 지르지 않았다. 이러한 회의가 오히려 팀원들의 에너지를 고갈시킨다는 사실을 알고 좌절했지만 조치를 취하기로 결심했다.

먼저 재닌은 팀 리더를 사적으로 만나 다음번 회의에는 기본 원칙을 세워두는 것이 좋겠다고 제안했다. 리더는 동의했고 팀원들로부터 동의도 얻었다. 재닌은 그렇게 세운 기본 원칙 목록에서 '한 번에 한 사람씩 말하기'가 1번이라고 했다. 그러자 팀원들은 서로의 말에 귀를 기울이기 시작했다. 서서히 회의가 제 궤도에 오르기 시작했다. 재닌의 팀원들은 여러 가지 사안들을 놓고 여전히 의견이 분분하지만, 기본 원칙들 덕에 의견의 불일치를 좀 더 원활하게 해결하고 있다.

두 번째로 직급에 상관없이 부서 내의 모든 사람들을 단결시켜 줄 대화 훈련 프로그램을 도입하자고 제안했다. 재닌은 시간 매니지먼트와 프로젝트 매니지먼트 훈련 프로그램을 도입하면 팀원들이 회의 기술을 익히는 데 도움이 될 거라 생각했다. 무엇보다도 위협적이지 않은 분위기에서 토론을 할 수 있게 될 거라 생각했다.

나는 과거에 사납던 이 팀의 첫 번째 훈련 프로그램을 지휘하는 영광을 누렸다. 나는 팀원들과 활발한 팀 분위기에 대한 이야기를 나누었는데, 다들 편안한 분위기에서 마음껏 이야기를 하며 웃음을 터뜨렸다. 한 명의 효율적이고 내향적인 리더가 본연의 틀에서 벗어나 용기를 내지 않았더라면 이러한 변화는 없었을 것이다.

당신이 이러한 직종에 근무한다면, 회의 기술을 연마할 기회는 주변에 널려 있다. 회의 기술을 적용해 볼 수 있는 자원봉사 단체나 스포츠 단체가 있는지도 알아보자. 가족 모임 때도 연습해 볼수 있다. 로베르토 바가스는 저서 『가족 행동주의』에서 회의 도구들을 활용해 가족 관계를 강화할 수 있다는 점을 잘 설명해 주었다.[3] 일단 회의를 마스터하면 옛날로 돌아가는 일은 없을 것이다.

| 표 15. 회의하기 |

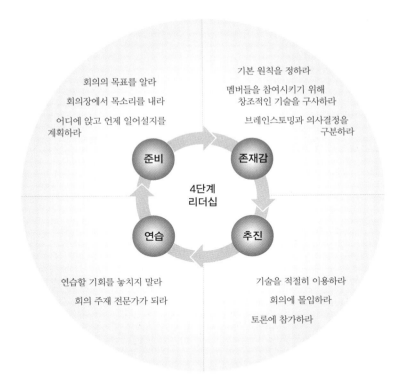

회의의 목표를 알라
회의장에서 목소리를 내라
어디에 앉고 언제 일어설지를
계획하라

기본 원칙을 정하라
멤버들을 참여시키기 위해
창조적인 기술을 구사하라
브레인스토밍과 의사결정을
구분하라

준비

존재감

4단계
리더십

연습

추진

연습할 기회를 놓치지 말라
회의 주재 전문가가 되라

기술을 적절히 이용하라
회의에 몰입하라
토론에 참가하라

6

공 들인 만큼
쌓이는 것이 인맥

Building Relationship

하와이의 근사한 리조트에서 매년 진행하는 고객 연수회 때였다.
IT 분야의 신입 마케팅부 담당 부사장인 존은 재빨리 수화물 컨베
이어에서 가방을 찾아 택시 타는 곳으로 향했다. 함께 온 일행들
대부분은 골프 가방이 나오길 기다리고 서 있었다. 존은 골프를 쳐
본 적이 별로 없기 때문에 노련한 골퍼인 일행과 함께 경기를 하기
는 힘들 거라고 생각했다. 그래서 다른 사람들이 그날 오후에 골프
코스를 도는 동안, 존은 조깅을 하고 낮잠이나 잘 계획이었다.

존은 계획대로 했고 꽤 느긋한 기분으로 다음 날 아침 신제품 공
개 회의에 참석했다. 그런데 회의실에 들어섰더니 다들 어제 골프

치러 나갔던 일을 이야기하며 농담을 주고받고 있는 게 아닌가. 게다가 골프 코스를 돌면서 신제품에 대한 일부 고객의 우려에 관한 이야기도 주고받은 듯 존이 모르는 이야기들이 오갔다. 존은 처음부터 혼자 뒤처진 기분이 들었다. 불행히도 존은 골프 같은 '오프라인' 활동에 참가하는 것이 회사의 불문율 중 하나라는 사실을 깨닫지 못한 것이다. 존이 앞으로 다른 직원들을 따라잡으려면 고생 좀 하게 될 것이다.

"사전 회의"에서 모든 것이 다 결정났다는 사실을 깨달은 적이 있는가? 사람들은 이러한 중요한 사전 회의에서 서로 정보를 공유하고 관계를 강화하며 결정을 내린다. 오늘날의 기업 세계에서는 사실 골프장과 회사 체육관, 또는 동네 커피숍에서 업무의 상당 부분이 이루어지고 있다. 로드 레이스나 자전거 타기 같이 회사가 후원하는 지역 이벤트나 해비타트 같은 자원봉사 프로젝트 역시 이러한 비공식적인 토론이 벌어질 수 있는 곳이다. 회의장과 무역박람회는 공식적인 거래가 이루어지는 장소일 뿐이다.

내향적인 당신은 이렇게 사람들과 어울릴 기회가 올 때마다 입을 꾹 다물어 버릴지도 모른다. "가만히 있으면 지는 거야."라는 사람들의 말에 진저리가 났을지도 모른다. 인맥 쌓기란 상호 교환을 위해 관계를 쌓는 것이다. 인맥 쌓기는 필요하지만 내향적인 사람들에게는 쉽지 않은 일이다.

제이 콩거와 N. 아난드는 〈유능한 네트워커가 할 수 있는 일들〉

이라는 제목의 훌륭한 기사에서 이렇게 말했다.

"인맥 쌓기에 능한 관리자는 하나같이 인맥 쌓기 기술을 연마하기 위해 열심히 노력했다고 털어놓았다. 인맥 쌓기는 어마어마한 시간과 집중력을 투자해야 하는 일인 것이다. 인맥 쌓기는 선택받은 소수만이 가질 수 있는 타고난 권리가 아니다.'"

내향적인 사람도 노력한다면 탄탄한 인맥을 쌓을 수 있다는 뜻이다. 내향적인 성격과 인맥 쌓기는 상극이 아니다. 그렇다면 4P 리더십을 이용해 인맥 쌓는 방법을 살펴보자.

💬 준비 단계

인맥을 쌓기 위해 준비를 한다는 것은 첫째, 당신의 목적이 무엇인지 알고 둘째, 당신이 상대방에게 무엇을 제공할지 계획하고 셋째, 상대방에게서 무엇을 얻을지 계획하며 넷째, 기반을 마련하기 위해 온라인 인맥 쌓기 사이트를 활용하고 다섯째로 부정적인 생각을 물리치는 것이다.

▶목적이 무엇인지 정확히 파악하라

당신이 어디를 향해 가고 있는지 모른다면 어떤 길을 택하더라도 목적지에 도달할 수 없다. 앞에서 예로 든 존은 자신의 목적이 무엇인지 정확히 알지 못했다. 어쩌면 존은 고객인 마리오가 무엇을 필요로 하는지를 알고 싶었을지도 모른다. 어쩌면 그가 담당하는 서비스 지역의 업무 처리 시간에 대해 캐서린이 어떻게 생각하는지를 알아내고 싶었는지도 모른다.

인맥 쌓기에서 당신이 목표로 하는 사람은 누구인가? 회의에서 영향력을 발휘하는 사람들이 누구인지 떠올려 보라. 계획을 세워서 저녁식사 자리에서 그 사람들 옆에 앉고, 칵테일 리셉션에서 그 사람에게 말을 걸어 보자.

사교적인 만남은 다른 사람들의 개인적인 스타일을 관찰할 기회가 될 수 있다. 이를테면 골프를 치는 사람들은 직장에서보다 골프장처럼 편안한 자리에서 상대방이 어떤 사람인지 더 잘 파악할 수 있다고 한다. 샷을 놓쳤다고 클럽을 집어던지거나 에티켓을 어기는 행동을 하는 바람에 사업 거래를 망쳤다는 이야기도 심심치 않게 들려온다.

내 동료 톰은 회사 리셉션이 열릴 때마다 만취하는 한 고객 이야기를 해 주며 새로운 사업을 확보하기 위해 이 고객을 피하는 법을 배웠다고 했다. 내향적인 성격에 다른 사람의 태도를 유심히 관찰할 줄 아는 톰은 이러한 상황에서 타깃으로 삼지 말아야 할 사람이 누군지를 깨달은 것이다.

앞의 사례에서 살펴본 존이 연수회에서 달성하고 싶은 목표를 미리 적어 보았더라면 전혀 다른 경험을 했을지도 모른다. 일행 대다수가 골프를 치기로 했다는 것을 감안해 함께 골프를 치거나 그 후에라도 일행에 합류했을지도 모른다. 그랬더라면 그와 그의 회사가 고객과 관련한 문제점을 해결하는 데 도움이 될 유용한 정보를 입수할 수 있었을 것이다.

내향적인 사람들은 내게 회의실, 혹은 엘리베이터에서 먼저 사람들에게 다가가려면 미리 의제와 질문을 준비해 두는 것이 필수라고 했다. 존도 미리 질문을 준비해 두었더라면 목표로 한 사람들과 사교적인 대화를 나눌 수 있었을 것이다.

▶상대방에게 무엇을 제공해야 하는지 계획하라

사람을 사귄다는 것은 상호 교환의 과정이므로 먼저 당신이 상대방에게 무엇을 제공해야 하는지를 알아야 한다. 업무 관련이나 업무와 관련되지 않은 자료, 정보, 경험, 전문지식, 아이디어를 모두 고려해 보자.

스카이프처럼 사람들에게 알려줄 만한 멋진 최신 기술 도구를 발견했는가? 아이들이 좋아하는 새로 생긴 어린이박물관에 다녀왔는가? 요가를 배우면서 사람들에게 알려주고픈 이점이 있는가? 최근에 무언가에 푹 빠져서 배워 본 적이 있는가? 당신을 사로잡은 책을 읽거나 영화를 본 적은 있는가?

당신의 이야기가 당장은 상대방에게 별 쓸모가 없다 하더라도, 나중에라도 그런 정보나 자료가 필요하게 되면 상대방은 당신에게 물어보려 할 것이다. 그러니 일단 이야기를 꺼내 보자. 관심사에 대해 이야기를 하다 보면 활기가 넘치고 열정적인 태도가 드러날 수 있으며 진정성이 있는 사람, 깊이 있는 사람으로 비칠 수 있다. 당신이 최고의 모습을 보여준다면 상대방 역시 그 자리를 재빨리 빠져나가려고 하지 않고 대화를 지속하려 할 것이다.

▶상대방에게서 무엇을 얻어낼지 계획하라

상대방에게 제공할 것을 계획한 후에 당신에게 무엇이 필요한지 생각해 보라. 현재 어떤 자료와 어떤 정보, 또는 어떤 전문지식이 필요한가? 머릿속으로 필요한 것들이 무엇인지 다양하게 생각해 보고 대화를 진행하면서 그와 관련한 이야기를 꺼낼 수 있도록 준비를 해 두자. 존이 골프장에서 고객에게 던질 구체적인 질문을 준비할 수 있었듯 당신도 목표를 달성하기 위한 질문들을 준비해야 한다.

무엇을 알고 싶은가? 한 내향적인 직장 동료는 내게 직장에서 부딪히는 벽에 대한 이야기를 털어놓았다. 그는 이 벽에 부딪히는 이유는 자신이 갈등을 피하고자 하기 때문이라고 진단하고 자신감 있는 커뮤니케이션 능력을 증진시켜 줄 수업과 책을 추천해 달라고 부탁했다. 나는 그 동료에게 구체적인 도움을 줄 수 있어 기뻤다.

업무 외에 당신이 원하는 것은 무엇인가? 당신이 맞벌이를 하고 있고 둘 다 빡빡한 업무 스케줄에 쫓긴다고 해 보자. 그런데 당신의 고객 또한 같은 처지라는 것을 알았다면 식사 준비 시간을 절약하는 방법 같은 것을 물어볼 수도 있다.

과감하게 도전했는데 딱 이거다 싶은 대답을 얻어내지 못했다고 해도 상관없다. 당신에게 필요한 것을 드러낸 덕분에 상대방과 한 층 더 발전된 관계를 만들었다. 당신은 더 이상 단순한 고객이나 의뢰인이 아니다. 복잡한 인생의 고락을 헤쳐 나가는 동지가 되었다. 물론 상대방에게 업무와 관련 없는 문제를 의논해도 괜찮은지를 먼저 탐색해 봐야 하지만 내가 그동안 살펴본 결과 대부분의 사람들은 가슴 깊이 동감하는 이러한 인생 문제를 토론할 기회를 기꺼이 환영한다.

▶온라인 인맥 쌓기 사이트와 이메일을 적극 이용하라

첨단 기술이 좋은 점은 직접 얼굴을 마주하기 전에 미리 친분을 다져 둘 수 있다는 점이다. 운영부 관리자인 T. 대니얼 마틴은 내향적인 사람들에게는 사람을 직접 만나기 전에 친목 도모 사이트에서 먼저 친목을 다지는 것이 훌륭한 준비 도구라는 사실을 깨달았다.

"제 영업팀에 굉장히 내향적인 직원이 두 명 있습니다. 그런데 그중 한 명은 항상 최고의 영업사원에 들죠. 이 직원들은 고객과 직접 대면하기 전에 온라인 친목 사이트를 이용해 따뜻한 관계를 쌓아 둔답니다. 먼저 초대장이나 보고서 사본을 보낸 후에 이메일을 보내 다시 한 번 확인을 합니다. '초대장은 잘 받으셨습니까?' 또는 '스미스 씨, 보고서는 잘 받으셨는지 확인 차 연락드립니다.' 라는 식으로 시작을 하면 되니까 보내는 사람도 받는 사람도 부담이 없죠. 물론 연락할 만한 가치가 있는 내용을 보내야 하지만 이렇게 하면 직접 만나는 것에 대해 느끼는 두려움 혹은 거부감이 줄어듭니다."

내향적인 임원 게리 만은 이런 조언을 해주었다.

"예를 들어 '저는 초콜릿으로 덮은 체리를 좋아합니다.'처럼 자신에 대한 이야기와 '저는 외국어로 된 지도를 수집합니다.'같은 관심사뿐 아니라 '당신 직업에서 가장 흥미로운 점은 뭔가요?'처럼 상대방에게 던질 질문들도 준비하세요. 공통점을 발견한다면 그곳부터 시작해도 좋고, 차이점을 발견한다면 새로운 분야에 대해 알아가는 것도 좋습니다. '전 스쿠버 다이빙은 한 번도 해본 적 없는데, 어떤 점이 제일 배우기 어려워요?'처럼 말이죠."

내가 이 책을 쓰는 동안에도 페이스북과 링크드인, 그리고 그 외의 여러 친목 도모 사이트들이 큰 도움이 되었다. 이러한 요소들을 인맥 쌓기 전략에 사용해 보되, 직접 얼굴을 보고 만나는 것을 온라인상의 접촉으로 대신해서는 안 된다.

▶부정적인 생각을 버려라

우리는 머릿속에서 맴도는 부정적인 생각으로 인해 옆길로 새는 경우가 많다(표 16 참조). 따라서 사람들과의 관계를 쌓지 못하게 방해하는 각자의 두려움을 극복할 방법을 찾아야 한다. 먼저 부정적인 내면의 목소리들이 무엇을 말하는지 정확히 인식하고 그다음으로 말들이 얼마나 타당한지를 살펴봐야 한다. 그렇게 한다면 부정적인 목소리를 긍정적인 목소리로 바꿀 수 있다.

앞의 사례에서 살펴본 존이 부정적인 내면의 목소리를 긍정적인 목소리로 바꾸었다면 어땠을까?

부정적인 목소리를 긍정적인 목소리로 바꾸는 방법은 부정적인 목소리에 사로잡히는 순간 생각을 멈추는 것이다. 스스로에게 "내가 지금 무슨 소리를 하고 있는 거지?" 라고 물어본 다음 부정적인 목소리를 긍정적인 목소리로 반박하라.

준비 단계에서 생각의 전환을 한다면 상당 부분 준비를 마친 것이나 다름없다. 요컨대 목적을 알고, 상대방에게 제공해야 하는 것과 상대방에게서 얻어낼 것을 계획하고, 미리 친목 도모 사이트 같은 도구를 이용해 친분을 쌓아 두고, 부정적인 내면의 목소리를 긍정적인 목소리로 바꾸라는 것이다.

사람을 만나기 전에 미리 배터리를 충전해야 한다는 점도 명심하자. 사람과의 만남을 통해 배터리를 충전할 수 있는 외향적인 동료들과 달리, 내향적인 당신의 배터리는 재충전하고 재생하는 데 시간이 걸린다.

┃ 표 16. 내면의 목소리들 ┃

부정적인 내면의 목소리를 긍정적인 목소리로 바꾸기

🙎 부정적인 내면의 목소리	🙎 긍정적인 내면의 목소리
1. 나는 골프에 소질이 없어.	1. 레슨을 받으면 돼. 나처럼 골프를 잘 못 치는 사람들도 많아. 혹시 알아? 해 보면 의외로 잘할지도.
2. 나는 사람들이랑 잡담을 나누는 게 불편해.	2. 미리 질문을 준비해 두면 더 편안하게 이야기를 나눌 수 있어. 함께 골프 칠 일행들에 대해 미리 조사를 해 두면 되잖아.(예를 들어 아이는 있는가? 그렇다면 아이들은 몇 살인가? 애완동물을 키우나? 어디에 사는가? 골프를 친 지 얼마나 되었는가?)
3. 나만 골프 게임에서 빠지는데 죄책감이 느껴지긴 하지만 그래도 난 골프가 싫어. 내가 왜 굳이 일행을 따라서 골프를 쳐야 하지?	3. 굳이 골프를 칠 필요 없어. 조깅이나 하고 난 다음에 일행과 합류해서 함께 술을 마시며 정보를 수집하면 돼. 그곳에서 이야기를 나눠 볼 수 있어.

💬 존재감 단계

이제 인맥을 쌓을 마음의 준비가 되었는가? 시만텍의 제품 개발부 관리자인 밥 굿이어의 말처럼 견딜 준비가 되었는가? 밥은 "사람들과 대화를 나누는 것은 우리 업무의 일부다."라고 했다. 코치인 샤론 시어링은 "내향적인 사람에게 사람들이 북적거리는 곳에서 인맥을 쌓는 것은 뜨거운 바늘로 눈을 찌르는 것처럼 괴로운 일이지만, 일대일의 상황에서는 내향적인 사람들 대다수가 훌륭히 그 일을 해낸다고 말했다."

여기에는 고객 및 의뢰인에게 깊은 인상을 심어 줄 방법들을 몇 가지 소개해 두었다. 다음의 네 가지 주요 방법을 따른다면 존재감을 개발할 수 있다.

▶ 경청하는 능력은 큰 자산이다

데일 카네기는 "다른 사람들이 당신에게 관심을 갖게 만들려고 2년을 노력하는 것보다 당신이 다른 사람들에게 관심을 가지려고 두 달 동안 노력하는 편이 더 많은 친구를 사귈 수 있다."라고 말했다. 내향적인 사람들은 너비보다는 깊이에 관심을 가지고 상대방의 말을 경청하기 때문에 이 장점을 이용해 상대방의 진정한 관심사를 밝혀내는 속 깊은 대화를 나눌 수 있다. 질문을 미리 준비해 두는 것도 상대방의 말을 경청하는 데 도움이 된다.

내향적인 내 남편 빌의 직업은 교수다. 나는 가끔씩 동네에서 남편이 가르치던 학생들과 마주치는데 이 학생들은 언제나 먼저 남편의 기발한 유머 감각을 칭찬하고, 남편이 학생들에게 얼마나 진심으로 관심을 갖고 대했는지에 대한 이야기를 늘어놓는다. 한 학생은 취업 진로를 고민하고 있을 때 빌이 도움을 주었다고 했다. 또 다른 학생은 개인적인 문제로 고민하고 있는데 빌이 집중적인 관심을 쏟아 도와주었다고 했다. 빌은 겉보기에는 도통 속내를 알 수가 없고 거칠어 보이기까지 하지만, 속내는 상냥하고 친절하다.

빌은 가끔씩 오해를 받기도 하는 내향인이지만, 사람들은 상대방의 말을 경청하고 이해해주는 그의 능력을 알아본다. 이것은 졸업생들에게 잊을 수 없는 인상을 남겨주는, 빌이 가진 커다란 자산임이 분명하다.

▶ 사소한 이야기는 대화를 끌어내는 마중물이다

대화는 날씨 이야기 같은 사소한 것에서부터 시작해 서로의 관심사에 대한 이야기로 이끌어 나갈 수 있다. 예를 들어 나는 한 남자와 동네 근처를 휩쓴 토네이도에 대해 이야기를 나눴다. 그러자 그 남자는 토네이도에 대한 자세한 이야기를 들려주었고, 우리는 둘 다 시내를 덮친 토네이도의 피해에 애통해 했다. 그 뒤 나는 토네이도가 내 고객사 중 한 곳인 터너 방송사에 미친 영향에 대해 이야기했다. 그러자 이번에는 상대방이 터너사와 겪은 경험담을 털어놓았고 우리에게 공통의 인맥이 있다는 사실을 발견했다. 이 시점이 되자 우리는 중요한 이야기를 나누고 있었다.

일단 처음의 서먹서먹한 분위기를 깨는 게 중요하다. 기술 전문직 인사 담당자인 톰 보먼드는 이렇게 말했다.

"저는 대화의 물꼬를 트기 위해 언제나 상대방과의 공통점을 찾아냅니다. 상대방이 자신에 대해 더 많은 이야기를 하도록 만들기위한 것이면 돼요. 그게 바로 인맥 쌓기에서 추구하고 있는 것이아닙니까. 날씨나 스포츠, 영화, 고향 이야기도 좋습니다. 이런 상황에서는 누구나 다 내향적이기 때문에 내가 먼저 서먹한 분위기를 깨는 역할을 맡으려 해요."

▶상대방의 이름을 외우고 당신의 이름을 가르쳐주라

97%의 사람들이 이름을 잘 외우지 못한다고 답변한 사실을 아는가? 하지만 상대방의 이름을 부르면 놀라운 변화가 생겨난다.

사람들로 북적거리는 대규모 고객 연수회에 참가한 존에게는 이름을 외우는 것이 큰 문제가 아니었을 것이다. 다들 이름표를 달고다니기 때문이다. 성공한 영업인들은 이름을 외우는 솜씨가 뛰어나다. 영업인들을 관찰하면서 깨달은 몇 가지 팁을 살펴보자.

- 그 이름을 반복해서 사용하라. 소리 내어 부르지는 않더라도, 머릿속에서 반복해 불러라. 당신의 두뇌에게 그 이름은 중요하니 저장해야 한다고 명령하라.
- 처음 보는 사람과 이야기를 나누는데 그 사람과 같은 이름을 가진다른 지인이 있다면, 상대방의 얼굴에서 그 사람과 닮은 점을 찾아

내라. 전문 연설가인 짐 지글러는 이렇게 같은 이름을 가진 사람을 연관 짓는 방법으로 한 번에 100명 이상의 이름을 외울 수 있다고 한다.

• 이름을 유형의 물체와 연관 지어라. 뉴욕 타임스의 건강 칼럼니스트인 제인 E. 브로디는 이렇게 말했다. "나는 새로 알게 된 사람의 이름을 물체와 연관 짓는다. 커비는 큐컴버, 랄프는 라비올리, 셰리는 '셰리주'라는 식으로 말이다.[2] 최근에는 라구(스파게티 소스 브랜드-옮긴이)라는 사람이 내 세미나에 참석했다. 나는 일주일 내내 그의 이름을 잊지 않았다. 왜인 줄 아는가? 스파게티 소스와 연관지어 외웠더니 아주 쉬웠다!"

이름을 가르쳐주는 것은 상대방에게 당신의 이름을 외울 기회를 제공하는 것이다. 포레스트 검프의 법칙을 사용하자. 포레스트 검프는 이렇게 말했다. "포레스트, 포레스트 검프."

앤 베이버와 린 웨이몬은 『일터에서 성공하기』[3]란 저서에서 셰리 헌터가 자신의 이름을 소개한 이야기를 인용했다. "셰리 헌터예요. 셰리주 할 때 셰리요. 제가 컴퓨터 문제점을 추적해서 고치는 일을 하니까 헌터(Hunter, 사냥꾼이라는 뜻-옮긴이)는 외우실 수 있을 거예요."

또 다른 유용한 연상 기법으로 이름의 리듬이나 소리를 기억하는 방법도 있다. 나는 내 이름을 소개할 때 발음과 스펠링에 중점을 두는데, 그것이 가장 외우기 힘들기 때문이다. 나는 "K로 시작하는 칸와일러예요."라고 말한 다음 "칸이라고 발음하는 K A H N 에 와이라고 발음하는 WEI예요. 난 항상 왜냐고 물으니까요."

그런 다음 "L-E-R"하며 나머지 철자를 알려준다. 한 친구는 나더러 이름을 소개할 때 "로트와일러(Rottweiler, 대형견-옮긴이)"와 운이 같다고 이야기하는 것이 어떠냐고 했다. 그 친구가 무슨 뜻으로 그런 말을 한 것인지는 잘 모르겠지만, 부정적인 연상은 피하는 것이 좋다!

▶그러면 당신은 무슨 일을 하십니까?

"무슨 일을 하십니까?"라는 질문을 던지면 그 질문은 당신에게도 되돌아오기 마련이다. 특히 처음 만나는 사람들과 함께할 때는 말이다. 핵심만을 콕 집어 전달하는 엘리베이터 스피치는 집어치워라. 진심을 보여라. 사람들은 자신이 이해할 수 있는 소박한 말을 듣고 싶어 한다.

다음의 세 가지 공식을 이용해 보자. 첫째, "저는 이런 사람입니다."라고 당신의 신분이나 직업을 알린다. 둘째, "저는 이런 업무를 담당하고 있습니다."라고 당신이 하는 일을 소개한다. 그리고 마지막으로 "예를 들자면 이런 일입니다."라고 구체적인 사례를 든다. 마지막이 가장 중요하다. 당신의 재주를 보여주거나 이야기를 해서 당신이 하는 일을 상대방이 본능적으로 이해할 수 있도록 하자. 앞에서 사례로 든 존은 이 질문에 훌륭한 답변을 해서 연수회에서 존재감을 드러낼 수도 있었다. 그 대화는 아래와 같았을 것이다.

토냐: "그러면 존, 당신은 무슨 일을 하나요?"

존: "저는 마케팅 담당 부사장입니다, 토냐. 제 업무는 당신 회사의 니즈를 이해하고, 당신의 회사에서 지속적으로 변경하는 요구 사항들을 우리 지원팀들에 알리는 거죠. 예를 들어 포틀랜드에 위치한 당신 회사의 공장에서 생산량을 늘렸고, 저는 그 공장 매니저에게 시기적절한 트레이닝을 제공해 주었습니다. 그 결과 공장에서는 순조롭게 목표 생산량을 초과 달성했죠. 혹시 저희 소프트웨어를 사용해 보신 적이 있나요?"

존의 답변에는 명심해야 할 요소들이 몇 가지 더 있다. 그는 대답을 하면서 상대방의 이름을 불렀다. 이는 특히 효과적이다. 이런 질문은 처음 만난 사람들에게 받는 경우가 가장 많기 때문이다. 존은 답변을 이용해 자신의 목적과 관련한 질문을 던지기까지 했다.

📣 추진 단계

잠재적인 새 고객들을 끌어모으고 기존의 고객들과의 관계를 강화하는 것이 업무의 일부분이라면 여러 가지 형태로 기존의 틀에서 벗어날 수 있다.

존의 경우 추진이란 그의 전형적인 역할에서 벗어나는 것을 의미할 수도 있다. 골프 팀을 조직하거나 연수회 프로그램을 계획하는 일을 자청했더라면 사람들의 주목을 받고 여러 사람들과 어울릴 기회가 있었을 것이다. 자연스럽게 인맥을 쌓을 수도 있었을 것이다. 인맥 쌓기란 당신이 사람들을 아느냐보다 사람들이 당신을 아느냐에 달린 것이므로 당신이 사람들의 눈에 띄는 존재가 되면 인맥 쌓기가 수월해질 것이다. 내향적인 사람들이 조직 안팎의 고객 및 의뢰인과 관계를 쌓는 데 도움이 될 실용적인 여섯 가지 팁을 알아보자.

첫째, 내향적인 리더들이 내게 끊임없이 하는 말인데 여기서 다시 되풀이할 만한 값어치가 있는 말이다. 연기를 하라는 것이다. 연기를 시작하면 뇌는 당신이 정말로 자신감이 있다고 믿는다. 그러니 "실제로 그런 것처럼" 연기를 하라.

둘째, 가게에서 줄을 서 있을 때나 심부름을 하러 갔을 때 그곳에서 만난 사람들에게 먼저 말을 걸어 보라. 이러한 대화가 어디로 이어질지 알 수 없는 노릇이다. 특히 상대방에게 제공해야 할 것과 상대방에게 얻어야 할 것을 명심한다면 중요한 커뮤니케이션으로 이어질 수도 있다.

셋째, 당신에게 또 다른 목적이 있다면 고객을 방문할 스케줄을 짜거나 고객에게 전화하라. 그들은 당신의 관심에 감사할 것이고, 당신은 고객이 무엇을 필요로 하고 어떻게 하면 고객의 돈을 절약해 줄 수 있는지에 대해 더 많은 정보를 입수할 수 있다.

넷째, 저녁식사나 오찬을 할 때 샘 혼이 "테이블 대화"[4]라 부르는 것을 사용해 보자. 사람들에게 시작한다고 알린 다음 지금 참여하고 있는 프로그램에 대한 의견, 혹은 프로그램 주제 등에 대한 생각을 말할 시간을 2분씩 준다. 새로운 인맥을 쌓는 동시에 주도적인 리더로 여겨지게 될 것이다.

다섯째, 편안한 마당발들과 가깝게 지내라. 의료 영업 분야에서 근무하는 한 내향인은 내게 마당발 곁에 꼭 붙어 이들의 인맥을 통해 인맥을 쌓는다고 털어놓았다.

여섯째, 전문가 조직이나 사업 조직, 모임 조직 운영을 자원하라. 그저 '정회원'이 된 것에만 만족하지 마라. 적극적으로 참여해 비슷한 관심사를 가진 사람들을 많이 만나야 당신의 장점과 재주를 보여줄 기회가 생긴다.

✋ 연습 단계

존재감과 추진 단계를 통해 인맥 쌓기 기술을 넓혀가면서(표 17 참조), 지속적으로 그 기술들을 연습하도록 하자.

▶먼저 안전한 환경에서 대화를 이어가라

담보 대출 담당자인 로라 서먼은 내향적인 사람들을 영업인으로 훈련하기 위해 흥미로운 접근법을 사용한다.

저는 퍼미션 마케팅(소비자와의 접촉을 일종의 데이트라고 간주하고 낯선 사람을 친구로, 그리고 친구를 고객으로 만드는 마케팅—옮긴이) 사업에 투입할 직원들을 모집하고 훈련해요. 내향적인 사람에겐 힘든 일이라, 연습 방법을 하나 고안해 냈어요. 직원들에게 아무런 이야기라도 좋으니까 대화의 물꼬를 트는 방법을 연습시켰어요. 이를테면 "셔츠 정말 멋있는데 어디서 샀어요?"라는 질문을 던지는 것도 좋죠. 그런 다음 상대방의 대답에 진심으로 관심을 두고 경청하고 그 대답을 기반으로 또 다른 질문을 던지라고 했어요. 예를 들어 "로스에서 샀어요."라는 대답이 나오면 "아, 그래요? 나도 거기 가보고 싶네요. 지난주에 세일하던데 그때 샀어요?"라고 또 다른 질문을 던질 수 있지요. 내향적인 사람들은 남들보다 더 많은 노력이 필요하고 더 많은 시간이 걸리지만, 이 연습을 한 후에는 확 달라져요. 상대방의 이야기를 경청하고 집중하면 그리 두려운 일이 아니라는 사실을 깨닫는 거예요!

편안한 분위기에서 이러한 기술들을 연습한다면 성과를 낼 수 있다. 사소한 이야기부터 시작하면 자신감을 얻을 수 있다.

▶웹상의 존재감을 유지하라

온라인상의 프로필과 인맥을 관리하라. 내향적인 사람들은 사람들과 관계를 쌓기 위한 방법으로 사람들과 직접 만나지 않아도 되는 온라인을 더 선호한다. 내향적인 리더들 상당수가 사람들에게 자신의 이름과 자신의 전문지식을 알리는 방법으로 블로그 운영을 추천한다. 기사를 쓰고 블로그에 글을 쓰는 것은 당신이 속한 분야에서 입지를 세울 수 있는 방법이다. 웹 상에서 존재감을 높이고, 당신이 속한 분야든 아니든 다양한 사람들에게 당신의 이름을 알릴 수 있다. IT 관리자인 제이슨 슬레이터는 링크드인을 통해 내게 이런 쪽지를 남겼다. "블로그가 인맥을 쌓고 제 생각과 관심사를 표현할 수 있는 유용한 수단이라는 걸 깨달았어요. 저는 '말'보다는 '글'로 커뮤니케이션을 하는 데 훨씬 더 능숙한 모양입니다."

┃ 표 17. 인맥 쌓기 ┃

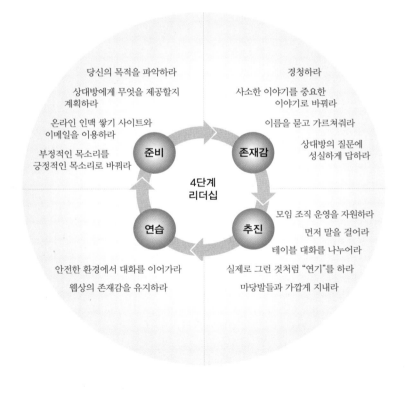

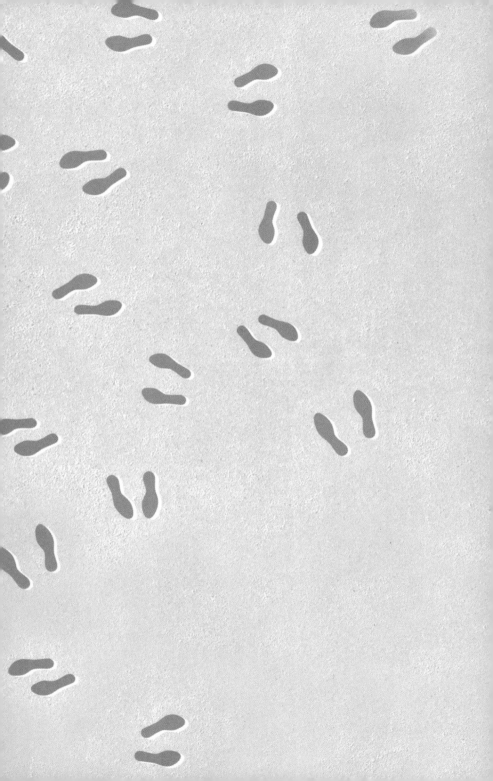

PART 3

결국엔 작은 소리가
팀을 크게 이끈다

The **Introverted** Leader

4P로 승리하라
－ 개인편 －
Wins from Using the 4P's Process

내향적인 리더인 당신은 Part 2에서 언급한 장애물을 뛰어넘을 수만 있다면 경력에 도움이 될 만한 기회들을 붙잡을 수 있고 존재감을 향상시킬 수 있으며 어마어마한 자신감을 얻을 수 있다. 지금부터 4P 리더십을 이용하면 얻을 수 있는 개인적인 이익에 대해 살펴보자.

💬 준비 단계

라지는 수화기를 뚫어져라 쳐다보았다. 수화기를 집어 들어야 한다는 것은 알고 있었다. 그가 근무하는 컨설팅 회사에서 각 금융 컨설턴트에게 판매 할당량을 부과했기 때문에 어떻게든 전화를 걸어야 했다. 라지는 고객인 미셸에게 전화를 해 대화를 나누고 현재 그녀의 사업에 필요한 것이 무엇인지 알아내기로 결심했다.

그는 전화번호를 누르면서 준비해 둔 질문들과 그가 원하는 결과, 즉 만날 약속 얻어내기라는 결과를 상기했다. 라지는 2분 동안 눈을 감고 차분하고 집중적인 대화를 나누어 목적을 성취하는 모습을 그려 보았다. 신호음이 가기 시작하자 라지는 세일즈 트레이닝에서 배운 목소리의 효과를 높이는 방법대로 심호흡을 하고 자리에서 일어섰다.

미셸이 전화를 받았다. 10분 동안 대화를 주고받으면서 라지는 미셸이 설명한 도전 과제들을 요약해 정리했고 둘은 다음 주에 만나기로 시간 약속을 잡았다. 라지는 미셸 및 그녀의 회사와 앞으로 계약을 하게 될 기회를 얻었다는 생각에 한껏 기분이 들떴고 그날 오후에는 사무실 책상 앞에 앉아 저도 모르게 휘파람까지 불었다.

라지처럼 당신도 아주 사소한 준비를 해 둔 덕에 자신감이 한껏 솟아오르고 불안감이 줄어든 경험이 있는가? 성미에 맞지 않는 업무라 질질 끌 수도 있었지만 라지는 용기를 냈다. 목적을 잊지 않는다면 훨씬 더 생산적인 대화를 나눌 수 있다.

라지는 세일즈 트레이닝 수업을 들어 존재감을 살리는 기술도 익혔다. 전화를 걸기 전 아주 간단한 준비를 한 것만으로 스트레스를 조절하고 미셸에게 집중하면서 존재감을 드러낼 수 있었다. 라지는 다음에 무슨 말을 할지 걱정하면서 한눈을 파는 일 없이 상대방의 말을 경청한 덕분에 유익한 대화를 나누며 그가 원하는 결과를 얻어냈다. 비결은 준비였다. 메모를 해 두면 나중에 그 내용이 필요할 때 참조할 수 있다. 내향적인 고위급 임원 시드 밀스타인은 질문을 미리 준비해 두는 사람이 즉석에서 질문을 던지는 사람보다 더 많은 것을 알아낼 수 있으며 상대방에게 긍정적인 인상을 심어줄 수 있다고 했다.

🗨 존재감 단계

존재감을 드러내면 스트레스를 관리하고 인식의 차를 좁힐 수 있다. 1장에서 사례로 든, 과로로 고생하는 매디가 단 몇 분이라도 바람을 쐬거나, 혹은 하루라도 푹 쉬면서 정신의 피로를 풀었더라면 자신이 얼마나 지쳐 있는지 좀 더 잘 알 수 있었을지도 모른다. 또 자신이 처한 상황을 좀 더 분명하게 이성적으로 바라보고 후속 조치를 취할 수 있었을지도 모른다.

요가나 그 비슷한 동양의 수련을 하면 신체 상태를 점검하는 방법을 배울 수 있다. 자세가 구부정한가? 호흡이 불규칙한가? 당신이 긴장하고 있다는 사실을 안다면 긴장을 풀고 현재에 집중할 수 있다. 긴장을 풀면 스트레스로 인한 신체적 징후가 사라지며, 따라서 업무를 보거나 사람들을 상대할 때 명료한 정신으로 집중할 수 있다.

자세는 당신이 사람들에게 어떻게 비춰지느냐에 영향을 미친다. 나는 분명 아주 지식이 풍부한 사람이었을 어느 대학원 교수 한 명을 알고 지낸 적이 있는데, 지금 기억나는 거라곤 팔다리가 흐느적거리는 가수 조 코커와 닮았다는 것뿐이다. 내 눈에는 그 교수가 전달하려는 정보보다 그 교수가 자신의 신체를 어색하고 불편해한다는 점이 먼저 눈에 들어왔던 것이다.

존재감을 보여주면 사람들은 당신을 훌륭한 경청자로 여겨 소중한 정보를 나누려 할 것이다. 로리 니컬스는 리더십 역할을 맡고 첫 90일 동안 새로운 직속 부하들을 한 명씩 만났다. 로리는 부하 직원들의 니즈와 도전 과제가 무엇인지 진심으로 알고 싶었다. 내향적인 로리에게는 힘든 일이었지만 그녀는 해냈다. 후에 로리는 이렇게 말했다.

"사람들을 일대일로 만나는 일은 에너지가 필요한 일이라 내향적인 사람들에겐 더 많은 노력이 필요할지도 몰라요. 그러니까 자신에게 편안한 방식으로 대인 관계를 쌓으려면 시간과 에너지를 투자해야 하는데, 그 부분에서 더 노력이 필요하다는 거죠. 대인관계를 쌓아야 한다고 의무감을 느끼는 것보다 당신이 이렇게 해내면 외향적인 사람이라면 얻지 못할 정도로 큰 신뢰를 얻을 수 있다는 점을 염두에 두는 편이 더 수월할 거예요."

로리는 기존의 틀에서 벗어나는 용기를 냈고, 그 보상으로 더 큰 신뢰를 얻었다. 리더로서 그 이상 무엇을 더 바랄 수 있겠는가.

존재감이 증가하면 직원들과의 관계를 탄탄하게 다져 직원들이 결과를 성취하도록 독려할 수 있다. 경청 기술이 훌륭한 내 회사의 COO는 그동안 쌓아 놓은 신뢰 관계 덕분에 온 회사를 뒤흔든 개혁 프로젝트를 훌륭하게 수행할 수 있었다. COO가 쌓아 놓은 존경심 때문에 직원들은 누구나 그녀의 팀에서 일하고 싶어 했다.

📢 추진 단계

과감히 기존의 틀에서 벗어나 얻을 수 있는 주요 보상에는 무엇이 있을까? 좀 더 눈에 띄는 사람이 된다는 것은 용기를 내어 음지에서 나옴으로써 얻을 수 있는 주요 이익이다. 코미디언이자 배우였던 그루초 막스는 사람들 눈에 띄기만 해도 성공의 90%는 이루어진 것이라고 했다. 용기를 내어 좀 더 적극적으로 참여한다면 더 많은 권력과 영향력을 얻게 될 것이다.

특별한 재주가 있다고 여겨져 경력에도 도움이 된다. 영업인들은 이를 "제일 먼저 떠오르는 사람이 되는 것"이라고 한다. 당신은 모두가 의지하는 사람이 되는 것이다.

준비를 해 두면 새로운 방향으로 나아갈 수 있다. 성과를 내기 위해 언제나 완벽한 만반의 준비를 해 둘 필요는 없지만 약간의 준비는 확실히 도움이 된다.

"행운이란 운과 준비가 만나는 순간이다."라는 오래된 격언이 사실임을 보여주는 사례를 하나 들어보겠다. 마틴 슈미들러는 인맥 쌓기 행사에 참가해 준비한 대로 칵테일 리셉션에서 누군가에게 말을 걸어 보기로 결심했다. 다행히 운까지 따라 주어서 마틴이 평소에 관심을 가지고 있는 회사에 근무하는 사람과 대화를 나누게 되었다.

마틴은 그 회사에 대한 자료를 미리 읽어 준비를 해 둔 터였고, 그 사람에게 CEO를 소개시켜 달라고 부탁했다. 마틴은 그 CEO가 지역 봉사 활동에 아주 열심이라는 사실을 알고 있었다. 그 행사가 끝난 후 마틴은 CEO에게 다시 연락을 취했고 쉽게 만날 약속을 받아냈다. 마틴은 이러한 결과에 뿌듯했고 용기를 내지 않았더라면 이러한 성과를 결코 얻어내지 못했을 거란 사실을 깨달았다.

몇 년 전에 나는 경영 컨설턴트이자 칩 벨과 함께 『댄스 레슨 : 직장과 인생에서 위대한 파트너십을 이루기 위한 여섯 가지 단계』[1]를 공저한 헤더 슐츠를 인터뷰한 적이 있는데, 그녀는 과감하게 기존의 틀에서 벗어나는 데 따르는 이점을 설명해 주었다.

헤더는 멘토를 찾을 때는 배우고 싶은 분야에서 절대적으로 최고의 인물을 찾아야 한다고 했다. 너무 많은 사람들이 최고의 권위자에게는 감히 부탁을 하지 못하고 망설이는 경우가 많다고 했다. 헤더는 자신의 조언을 그대로 실천했다. 헤더는 경영 컨설팅 일을 알아보던 중에 세계적 권위자인 톰 피터스를 찾아가기로 결심한 것이다. 그리고 그 후 몇 년 후, 헤더는 CEO이자 회장으로 피터스의 회사를 운영하게 되었다.

🖑 연습 단계

연습은 내성적인 리더로서 부딪치게 되는 모든 문제점, 즉 스트레스와 인식의 차이, 경력 탈선, 투명인간을 모두 다루는 단계다. 나는 내향인 몇 명에게서 사회적 진취성이 부족해 어린 시절 겪었던 고통스러운 경험담을 들었다.

한 명은 말을 한마디도 하지 않는 바람에 교사들이 "느린" 아이라고 생각해 1학년을 유급할 뻔했다고 했다. 또 다른 내향인은 내게 "조용한 십대로 살아남을 수 있다면, 어디서든지 살아남을 수 있어요."라고 말했다. 또 다른 내향인은 두려움을 정복하기 위한 방편으로 여자아이들에게 데이트를 신청하는 법을 배웠다고 했다. 내향적인 사람들은 외향적인 사회에 적응하기 위해 나름대로 고군분투해 온 것이다. 성인이 돼 직장생활을 하면서도 마찬가지다.

내가 이야기를 나눠 본 사람들은 하나같이 연습이 중요하다고 입을 모았다. 마틴 슈미들러는 질문을 받았을 때 머뭇거린다고 해서 두뇌회전이 느린 사람이라는 편견에 시달렸고, 이러한 편견을 없애기 위해 싸우고 있다. 마틴은 모든 것은 다 자신이 하기 나름이라고 했다. 그는 자신이 느려터지거나 우유부단한 사람이 아니라 사려 깊고 생각이 깊은 사람으로 여겨지길 바란다. 따라서 질문을 받으면 일단 "아주 좋은 아이디어네요. 그 아이디어들을 생각해 보려면 시간이 좀 필요하니까 내일 아침이나 오늘 오후까지 알려드릴게요."라고 대답해 인식의 차이를 좁힌다. 언제 답변을 줄지

아주 구체적으로 약속을 하고 이 약속을 지킨다. 마틴은 연습을 통해 이렇게 하는 법을 익혔다.

내가 가장 좋아하는 패션 전문가는 팀 건이다. 그는 히트를 한 텔레비전 쇼 〈프로젝트 런웨이〉에 출연했으며, 의류업체 리즈 클레이본(Liz Claiborne Inc)의 수석 디자이너다. 팀 건은 매주 시합을 치르며 경쟁하는 디자이너들에게 간단하게 "해내세요."라며 응원의 말을 건넨다. 그 분명한 말 한마디는 참가자들을 적절히 밀어붙여 주었고 그 말 안에 그만의 연습 철학을 담아 전달하였다.

팀 건이 그 말을 하는 이유는 자신이 할 수 있다는 사실을 알고 있으며 그 사실을 인정하는 데에도 노력이 필요하기 때문이다. 인터뷰에서 팀 건은 잡담의 기술[2]에 대해 이야기했다. 그가 처음으로 뉴욕 파슨스 디자인 학교에서 학생들을 가르치기 시작할 때 너무 긴장한 나머지 자리에서 일어서려면 벽에 몸을 지탱해야 할 정도였지만, 훌륭히 연기하는 법을 익히고 연습을 한 덕분에 두려움을 극복했다고 했다. 팀 건은 학생들에게도 똑같은 방법을 조언해 주고 있다. 이 기술 덕분에 팀 건은 현재 어디에서든 자연스러운 모습을 보일 수 있는 것이다.

연습은 아주 흥미로운 방식으로도 해 볼 수 있다. 폴 오트는 "나는 사람들 앞에서 말을 할 때는 멋진 정장을 입고, 이 정장이 갑옷, 혹은 로널드 레이건이 입었던 양복처럼 사람들이 달걀과 토마토를 던지더라도 끄떡없는 테플론 양복이라고 상상합니다. 이것도 또 다른 대처 방법이라고 할 수 있죠."라고 말했다.

연습은 습관을 들이는 것이며, 일단 한 가지 기술을 완전히 익힌다면 다른 분야의 연습에 돌입해야 한다. 배우고 성장하는 것은 끝없는 과정이다.

4P로 승리하라
- 조직편 -
Wins from Using the 4P's Process

당신이 4P 리더십을 적용했을 때 승리하는 사람은 당신만이 아니다. 당신이 감성과 지성과 잠재성을 다른 사람들과 나누면 당신이 속한 조직 또한 그 이익을 손에 넣는다. 다시 한 걸음 물러나서 조용한 힘을 이용할 때 당신의 조직이 얻는 구체적인 이익들을 살펴보자.

💬 준비 단계

대화를 준비하고 관계자들의 니즈를 조사해 준비를 하는 내향적인 리더들은 직원 및 고객, 상사들과 신뢰와 헌신을 쌓는다. 당신이 상호작용을 위한 게임 플랜을 짜두면 더 높은 수준의 실적을 성취할 수 있는데 이 실적은 곧 당신이 속한 조직에도 이득이 된다.

몇 년 전 내 고객 가운데 수많은 트레이닝 프로그램에 참가하는 로재너라는 동료가 있었다. 프로그램 참가 예산이 빠듯하다는 것을 알고 있었기 때문에 나는 로재너에게 어떻게 그렇게 많은 프로그램에 참가하도록 허락받았는지 물어보았다. 그녀는 각 프로그램에 참가할 때마다 상사에게 프로그램을 이수하는 것이 그녀가 부서의 목표 및 자신의 목표를 성취하는 데 도움이 되는 이유와 자세한 결과를 설명했다고 했다.

이러한 신중한 계획 외에도 로재너는 평소에 상사를 관찰해 언제 상사에게 접근해 허락을 구하는 것이 가장 좋을지도 알아두었다. 또 프로그램에서 배운 것을 동료들에게 전수해 주기도 했다. 로재너가 수많은 프로그램에 참가할 수 있었던 비결은 준비였다. 그 덕분에 로재너는 회사 내에서 중요한 직원으로 인정받았으며 지난 몇 년간 승진을 거듭했다.

앞에서 살펴 본 마틴 슈미들러의 사례에서 마틴은 인맥 쌓기를 시도하기 전에 목표로 삼은 회사와 CEO의 뒷배경을 신중하게 준비하고 조사할 뿐 아니라 용기를 내어 과감하게 시도한 덕에 유익한 정보 교환을 하고 궁극적으로는 회사에 새로운 고객을 안겨줄 수 있었다. 4P 리더십을 적용한다면 이러한 결과를 얻을 수 있다.

🔲 존재감 단계

존재감이 있는 리더들은 좀 더 효과적으로 직원들과 관계를 맺을 수 있으며 좀 더 효과적으로 업무를 수행할 수 있다. 전투기 조종사이자 동기 부여 강연가인 월도 월드먼은 리더들이 실제로 현장에서 어떤 일이 벌어지고 있는지 알려면 휘하의 부대와 함께 최전방을 누벼 보아야 한다고 생각한다.

그는 이렇게 묻는다. "당신은 직원들이 어떤 사안에 관심이 있는지, 어떤 불만이 있는지, 어떤 개인적인 문제들을 안고 있는지 알고 있습니까? 직원들이 최선을 다하지 못하도록 가로막는 요소가 무엇인지 알고 있습니까? 부조종사의 얼굴에서 업무의 세부 사항들과 도전 과제들을 읽어내고 이해한다면 고용과 해고, 이동 같은 인적자원 사안들에 대처할 만반의 준비를 해 둘 수 있을 겁니다." 월도는 조직 내의 어느 직급에 있는 사람과도 관계를 쌓을 수 있다고 믿었다.[1]

리더의 존재감은 팀원들의 결속력에도 영향을 미친다. 최고의 기업 리더십 개발 프로그램 중 많은 수는 업무를 완수하는 데 있어 팀워크의 중요성을 강조하고 있다. GE의 CEO인 제프 이멜트는 다른 사람들과 함께 일하는 법을 배우게 된 이유를 설명했다. 《포춘》의 한 기사[2]에서 그는 이렇게 말했다.

"내가 신입 시절 GE에서 받은 트레이닝 대부분은 개인의 성장을 위한 것이었습니다. 그 때문에 문제점들이 발생했죠."

제프는 3주 프로그램을 받은 후에 직장으로 돌아갔지만 그가 배운 것의 60%밖에 활용할 수가 없었다. 나머지는 그의 상사나 동료들이 도와주어야 하는 부분이었기 때문이다. 이제 GE는 비즈니스 결정을 내리기 위해 팀원들을 함께 트레이닝하고 있다.

리더의 존재감이 낳는 효과를 하나 더 소개하겠다. 『아껴주지 않으면 떠난다』라는 책에서 저자인 베벌리 카예와 샤론 조든 에번스는 "직원들이 회사를 계속 다니느냐 떠나느냐를 결정하는 중요한 요소 중 하나는 '상사에게 어떤 대접을 받는가'이다."라고 강조한다.[3]

존재감이 있는 리더들은 직원들의 기여를 인정하는 분위기를 조성한다. 직원들은 존재감이 있는 관리자들이 많은 기업으로 몰리며 이러한 기업은 직원들의 이직률도 낮다.

추진 단계

용기를 내서 발언하는 리더들은 조직에 소중한 이익을 제공해준다. 기업들은 리더가 침묵하지 않고 아이디어를 낼 때 투자한 만큼의 이익을 얻는다. 제이 A. 콩거는 하버드 비즈니스 리뷰에 기고한 〈설득의 기술〉이란 기념비적인 논문에서 상대방을 납득시키기 위한 설득이 아닌 상대방에 대해 배우고 상대방과 협상하기 위한 설득에 초점을 맞추었다.[4]

내향적인 리더인 당신이 기존의 틀을 깨고 나온다면 훌륭한 경청 기술과 문제 해결 기술을 발휘할 수 있다. 콩거는 팀 리더들과 고위급 리더들을 모두 연구한 결과 이 리더들이 신뢰를 형성하고 공통의 기반을 쌓고, 증거를 제공하고, 청중과 감정적으로 교감할 수 있다는 사실을 발견했다. 실질적인 결과를 성취하기 위해 설득력을 사용하는 여러 가지 사례들도 소개했다.

나는 바로 지난해에 기업 리더들을 위한 스토리텔링 강좌에 참석한 적이 있다. 참석자들은 주로 프레젠테이션을 할 때 기존의 파워포인트에서 벗어나 조금 더 양념을 치길 원하는 기술 분야의 중간급 관리자들이었다.

이들은 대부분 스토리텔링 기술을 타고나지 않았으며 나는 그들 대다수가 4P 리더십의 추진 단계에 있을 것이라고 추측했다. 강사는 참가자들에게 스토리를 구성하는 기술 몇 가지를 가르쳐 준 뒤 참가자들에게 직접 스토리를 구성해 발표할 시간을 주었다. 그러자 대다수 참가자들이 스스로에게 놀라는 상황이 발생했다. 모든 참가자들의 이야기가 청중에게 임팩트를 준 것이다. 우리는 각자의 독특하면서도 보편적인 이야기에 공감해 감동의 눈물을 흘리기도 했고, 웃음을 터트리기도 했다.

수업이 끝난 후 몇몇 참가자들로부터 고위급 경영진에게 점점 인정을 받고 동료들에게 프레젠테이션이 점점 나아진다는 긍정적인 반응을 받는 등 직장에서 성과가 있었다는 이야기를 들었다. 이들은 기존의 틀에서 벗어나 스스로를 밀어붙인다면 사람들에게 분명한 메시지를 전달할 수 있다는 사실을 배운 것이다. 그리고 그 메시지에 따라 행동할 때 회사는 이익을 얻게 된다.

👆 연습 단계

대인기술을 계속해서 연마하는 리더들은 조직 내에 불가피한 변화의 바람이 불 때 부하 직원들을 다독일 수 있다. 지속적으로 자기계발과 경력개발을 하는 롤 모델이 되어 다른 사람들로부터 존경을 얻을 수 있다. 거시적 관점에서 보자면, 더 많은 개개인이 비효율적인 태도라는 감옥에서 스스로 걸어 나와 내향적인 사람 특유의 조용한 장점을 활용하는 방법들을 개발한다면 조직들은 수많은 인재를 거느리게 될 것이다. 또한 이러한 인재들이 많으면 조직에서 얻을 수 있는 성과는 더욱 강력해지기 마련이다. 아래의 포춘 잡지 부제가 리더의 중요성을 잘 요약하고 있다.

당신의 경쟁사는 당신이 가지고 있는 모든 장점을 다 따라 할 수 있다─단 한 가지만 빼고. 세계 굴지의 기업들은 어떤 사업을 하든 간에, 진정으로 중요한 것은 리더를 기르는 것이라는 점을 깨닫고 있다.[5]

세계 굴지의 기업들이 리더십 개발 프로그램에 금전적인 투자를 하는 것이야말로 리더를 중요하게 여기는 트렌드가 강해졌다는 방증이다. 기업의 고위급 임원들이 이러한 트렌드를 지지하고 있으며 신입 직원들은 리더십 기술을 배우고 연습할 기회를 제공하는 기업을 추구한다.

　리더십 프로그램들은 주로 강의실과 온라인, 멘토링, 직업 설계를 통해 이루어진다. 참여와 영감 같은 용어가 자주 사용된다. 과거에는 이러한 리더십 기술을 부드러운 기술로 간주했지만, 오늘날 대다수의 기업에서는 리더에게 반드시 필요한 중요한 기술로 여기고 있다.

　하지만 당신이 리더들을 훈련하는 데 지원을 아끼지 않는 포춘 선정 100대 기업에 다니지 않는다면 어떻게 해야 할까? 나는 직원들에게 훌륭한 멘토링과 교육을 제공하는 중소기업들의 사례를 수도 없이 많이 봐 왔다.

　중소기업에 근무하면 오히려 새로운 대인기술을 과감히 구사하고 연습할 기회는 더 많다. 예를 들어 CEO가 출장 중이면 당신이 나서서 회의를 이끌어 나갈 수도 있다. 고객이 들렀는데 경리부장이 자리를 비웠다면? 문제없다. 당신이 대신 고객을 만나면 된다. 소프트웨어 시스템의 새로운 기능을 배웠는가? 점심시간을 이용해 동료 직원들에게 그 기능을 가르쳐 줄 수 있다. 조직은 즉석에서 새로운 역할을 맡을 수 있는 융통성 있는 직원을 보유한 덕에 이익을 볼 것이다. 의식적으로 과거의 틀에서 벗어나 노력하고 연습하면 기업들은 잠재력을 갖추거나 유능한 인재를 늘릴 수 있다.

　대인기술을 향상시키기 위해 4P 리더십을 이용하면 개인과 조직 모두에게 보상이 돌아간다. 그러면 이번에는 변화하기 위해 너무 열심히 노력해 나타날 수 있는 결과를 살펴보자.

융 심리학에는 그림자 또는 어두운 부분이라 칭하는 개념이 있다. 이러한 부분은 우리가 스트레스를 받을 때 나타난다. 내향적인 자아에서 걸어 나와 좀 더 효율적인 리더가 되려고 할 때, 변화하려는 의지로 인해 너무 과도한 노력을 하게 될 수도 있다.

4P 리더십을 과도하게 사용하면 오히려 역효과가 날 수 있다. 예를 들어 준비 단계에 지나치게 공을 들인다고 해 보자. 학교에 다니던 시절, 시험을 보기 전 공부를 하다 아리송할 때가 있었을 것이다. 공부하면 할수록 더 혼란스러워지지 않던가? 회의나 대화, 인맥 쌓기를 준비할 때도 마찬가지다. 준비가 도를 지나치면 오히려 불안감을 느끼고 스스로가 의심스러울 수도 있다.

존재감 단계에 너무 몰두할 수도 있다. 앞에서 말했듯 내향적인 사람이 사교적인 사람인 척 연기하는 일은 아주 흔하다. 사실 수많은 배우들과 코미디언들이 자신이 내향적인 사람이라고 고백했다. 심야 토크쇼를 진행하던 조니 카슨은 사교적인 면에 서툴고 사람들을 기피한다.[6]

자신감 있는 스타인 척하거나 파티의 주인인 척 연기하는 것은 불안한 상황에 대처할 수 있는 방법이다. 상상을 함으로써 다른 사람을 연기하고 좀 더 외향적인 태도를 보일 수 있다. 하지만 이러한 연기가 역효과를 낼 수도 있다. 다른 사람들이 당신이 연기하고 있다는 것을 알아챈다면 말이다. 질문을 쏟아붓거나 자신에 대한 이야기만 주야장천 늘어놓거나, 너무 자주 시끄럽게 웃어댄다면 당신 자신은 물론이고 당신이 사귀려 하는 사람들마저 지쳐버릴 것이다.

지나치게 자신을 몰아붙인다면 어떨까? 나는 기술 관리자들을 대상으로 3일간의 대인기술 세미나를 열었다. 수많은 대인기술 연습과 역할극, 대인 관계 문제점들을 해결하는 일 등으로 정신없이 바쁜 3일이었다. 이러한 프로그램을 수행하면서 참가자들 중 상당수는 두뇌 안에 존재하지만 자주 사용하지 않는 부분들을 일깨웠다. 하지만 프로그램이 중반쯤 이르면 대다수의 참가자들은 패닉에 빠지고 만다. 그러면 대개 더 가벼운 토론을 하고, 페이스를 늦추고, 좀 더 참가자들에게 편안한 내용으로 바꾼다.

예를 들어 참가자들이 소프트웨어 문제에 대한 이야기를 하면서 적극적인 경청 기술을 연습한다고 해 보자. 기존의 틀에서 스스로를 너무 과도하게 밀어내다 보면 취약한 분야를 너무 강조하게 된다. 이렇게 되면 학습하기가 더 어려워질 뿐이다.

내가 앞에서 언급한 월도 월드먼은 전투기 조종사 시절에 그의 비행중대가 언제라도 날아오를 준비가 되었다는 의미로 "밀어붙여"라는 표현을 사용했다고 했다. 그는 사람들이 언제나 최고의 실적을 낼 준비가 되어 있길 바란다. 나는 거기에 덧붙여 밀어붙이지 말아야 할 때도 있다고 생각한다. 끊임없이 열심히 노력하면 지치고 자조적인 기분마저 들 수 있다. 자신은 절대 대인 문제에 익숙해지지 못할 거라는 생각마저 들기 시작할 수도 있고, 그런 생각을 하다 보면 포기할 가능성이 높다.

외향적인 세계에서 성공하는 비결은 연습이라고 말했다. 하지만 지나친 연습으로 인해 다른 사람들에게 진실한 모습을 보여주지 못할 수도 있다. 나는 감히 범접할 수 없는 포스를 지닌 학장이 있는 한 대학에서 일한 적이 있다. 그 학장은 사무실에서 거의 나오지 않았고 사무실에서 나오더라도 최측근 몇 명하고만 이야기를 나누었다.

매년 학장은 자택에서 직원들이 모두 암묵적으로 참석해야 하는 연휴 파티를 열었다. 그리고 매년 파티 때마다 딱딱한 미소를 지으며 우리를 맞이했다. 문제는 그 미소가 얼굴에서 떠나질 않는다는 점이었다. 심각한 이야기를 할 때도 마찬가지였다. 학장은 진실하거나 진지해 보이지가 않았다. 아무리 상냥해 보이려 연습을 하더라도 이 학장에게는 소용없을 것이라는 생각이 들었다. 차라리 이 연휴 파티에 지을 표정 연습을 좀 덜 하고, 학기 내내 보여줄 다른 표정을 연습해 보여주는 것이 더 나았을 것이다. 미소 짓는 학장과 그와 비슷한 사례에 대한 또 다른 제안은 Part 2의 2장 〈리더십과 어울리는 성격 믹스매치하기〉에 자세히 적어 두었다.

세계적인 금융 컨설팅 회사인 딜로이트 투시 토마츠(Deloitte Touche Tohmatsu)의 CEO 제임스 코플런드는 사교적인 자리에서는 불안감을 느낀다고 털어놓았다. 그냥 꾹 참고 최대한 견디며 최선을 다한다고 했다. 제임스는 해결해야 할 문제점이 있는 유나이티드 웨이같은 자선단체에서 적극적으로 활동하면서 약점에 대처했다. 연습한다고 해서 이러한 불편한 감정이 바뀌지 않을 거라 생각하고 현명하게도 그가 빛을 발할 수 있는 곳에 노력을 집중하기로 한 것이다.[7]

이제 성공을 향해
달려가자

Moving Toward Success

어느 CIO의 퇴직 파티 자리였다. 회사에 20년 넘도록 근무해 온 인기 있는 CIO의 퇴직을 기념하기 위해 간단하게 와인과 치즈 파티가 벌어졌으며 헌사와 선물 증정이 이어졌다.

하급 네트워크 관리자인 재크는 미소를 지으며 파티장에 들어섰다. 그의 멘토가 되어 주었던 남자에게 경의를 표할 기회가 생겨 기뻤다. 그는 사람들의 이름을 부르며 일일이 인사를 나누었고, CIO에게 다가가 그의 가족들을 만나고 그에게 축하 인사를 건넸다. 그런 후 재크는 뷔페와 파티장 안을 돌아다니며 사람들을 서로 소개시켰다. 사람들 앞에서 재미난 일화도 이야기했다. 그렇게 파티장에서 한 시간쯤 보내고 나자 재크는 만족스러웠다. 존경하는 이에게 경의를 표했고 사람들과 다시 인연의 끈을 이었고, 새로운 사람들도 만났기 때문이다. 재크가 파티장을 빠져나가는데 그의 소속 부서를 담당하는 부사장이 재크를 한쪽으로 불러 세웠다. 그리고 재크에게 현재 직위보다 서너 단계나 높은 새로운 직위에 지원해 보라고 격려했다.

재크의 행동을 지켜본 사람들은 그가 사실은 아주 내향적인 사람이라는 사실을 거의 눈치채지 못했을 것이다. 사실 재크는 얼마 전까지만 해도 사업상 리셉션에 참석하거나 사교 모임에 참석해야 한다는 생각만으로도 숨이 가빠지는 사람이었다. 다행히 그는 이번 퇴직 파티에 4P 리더십을 적용했고 승자가 되었다. 재크는 어떻게 한 것일까?

💬 준비 단계

달력에서 퇴직 파티가 예정돼 있다는 것을 확인한 재크는 다른 업무를 준비하듯 이 파티를 준비했다. 멘토뿐 아니라 그 파티에 참석할 가능성이 높은 사람들을 선정해서 적어도 그중 다섯 명과 이야기를 나누고 그중 세 명과는 인맥을 쌓겠다는 목표를 세웠다. 그리고 어떤 이야기로 대화를 시작할 것인지 몇 가지 사소한 이야깃거리도 준비했다.

📳 존재감 단계

재크는 사람들에게 어떻게 인식되느냐는 자신의 보디랭귀지와 비언어적 암시에 달려 있다는 사실을 알았다. 그는 천천히 심호흡을 하고 어깨에 힘을 빼고 진심 어린 미소를 지었다. 사람들과 이야기를 나눌 때는 상대방의 눈을 똑바로 바라보았다. 대화가 중단되면 예의 바르게 다음 상대에게로 옮겨갔다.

📢 추진 단계

사실 재크는 커다란 프로젝트 마감일을 앞두고 있었다. 따라서 그냥 사무실에 남아 업무에만 매진할 수도 있었다. 하지만 그는 편안하고 익숙한 것에서 벗어나야 한다는 사실도 알았다. 비록 사교 인맥 쌓기가 상품 판매 계획과 프로젝트 완료 계획처럼 눈에 보이는 결과를 낳지 않을 수도 있지만, 그러한 투자는 존재감은 높이고 주변 사람들에게 인정을 받는 등 여러 보상으로 돌려받을 수 있다. 재크의 경우 파티에 참가한 부사장의 레이더망에 걸린 덕분에 승진할 기회를 얻었다.

👆 연습 단계

재크는 파티장에서 받을지도 모르는 질문들에 대한 답변을 연습했고, 파티장에 들고 들어갈 말문 트기 재료 목록을 미리 적어 두었다. 그리고 다른 상황에서 동료와 친구들에게 이러한 재료를 미리 시험해 보았다. 덕분에 실제 파티장에서 훨씬 수월하게 해낼 수 있었다.

당신만의 4P 리더십 행동 계획을 세워 보자. 당신만의 성공 스토리를 만들려면 무엇을 어떻게 해야 할까? 당신이 맡고 있는 업무에서 구체적인 목표를 세운다면 당신의 리더십은 한 단계 더 발전할 것이다.

첫째, 이 책에 붙여 놓은 메모지를 다시 한번 참고해 보자. 내향적인 리더 퀴즈를 통해 개선할 분야들을 확인했을 것이다. 〈표 18〉의 맨 왼쪽 칸에 그 분야를 두세 가지 적어라.

둘째, 당신이 개선할 분야들을 다루고 있는 Part 2의 마지막 페이지로 돌아가 보자. 그 다음 칸의 해결책에는 개선을 위해 취할 구체적인 행동 두세 가지를 적어 보라.

셋째, 세 번째 칸인 성공 측정에는 목표 완수를 측정할 방법을 명시해 둔다.

넷째, 다음 칸에는 지원 시스템을 적어 두자. 여기에는 도움을 요청할 수 있는 주변 사람들도 포함된다.

다섯째, 마지막으로 완수할 날짜를 적자. 이렇게 하면 구체적인 목표를 설정할 수 있다.

아래의 샘플을 참고하자.

개선 분야	해결책	성공 측정	지원 시스템	완수 날짜
관리하기	알파 보고서 작성을 존에게 위임한다.	존이 고품질의 보고서를 작성할 것이다.	상사 라시드, 내 코치 오거스타	오늘부터 존을 코치하기 시작하고 업무 인수는 5월 30일 금요일까지 완수한다.

0. _____

1. _____

2. _____

3. _____

4. _____

5. _____

믿음을 가지면 해낼 수 있다. 목표를 글로 적으면 결심이 더 굳어진다. "나는 이 변화를 이루기 위해 노력하고 있다."고 적어 놓자. 4P 리더십 행동 계획을 눈에 띄는 곳에 붙여 놓는 것도 좋다. 스프레드시트나 도표로 적어도 좋다.

더 많은 도구들과 아이디어들을 원한다면 www.theintroverted leader.com을 방문해 보자. 우리 블로그에 당신의 발전 상황과 도중에 부딪친 도전 과제들을 글로 남겨도 좋다.

독자 여러분이 이 책을 통해 새로운 시야를 가지고 현실에 적용할 수 있는 실용적인 도구들을 얻었길 바란다. 조용한 힘을 키워 리더십 역할을 자유자재로 수행하기 위해 굳이 타고난 성격을 바꿀 필요는 없다. 응달에서 걸어 나온다면 자신감과 용기를 갖게 될 것이라는 의미다. 그리고 당신의 행동은 자신뿐 아니라 수많은 주변 사람들을 돕게 될 것이다.

:: 제니퍼 칸와일러의 어바웃유(About YOU)

제니퍼 B. 칸와일러의 어바웃유는 조지아주 애틀랜타에 본사를 두고 있으며 2000년도에 설립됐다. 이 회사의 목적은 강연과 세미나, 워크숍, 코칭을 포함하여 다양한 고객맞춤형의 매력적인 프레젠테이션을 통해 강한 리더를 기르는 것이다. "현실적인" 박사라 불리는 제니퍼 칸와일러는 리더십 이론을 실용적인 도구로 만드는 전문가로서, 특히 내향적인 직장인들이 새로운 리더 역할을 맡을 수 있도록 돕는 데 중점을 두고 있다.

어바웃유에서 제공하는 모든 프로그램에 대한 정보는 www.aboutyouinc.com에서 얻을 수 있다.

이 책을 읽기 전에

1. 칼릴 지브란, 『예언자(The Prophet)』, 앨프리드 크노프, 1958년, 60쪽

프롤로그

1. 델 존스, 〈성공한 CEO가 전부 외향인은 아니다(Not All successful CEO's Are Extroverts)〉, USA 투데이, 2006년 12월 8일

2. A. L. 해머와 C. R. 마틴, 『미국 국민의 성향(Estimated Frequencies of the Types in the United States Populations)』, 제3판, 교육용 소책자, 미국 성격 유형 연구 센터(Center for Applications of Psychological Type), 2003년

3. 짐 콜린스, 『좋은 기업을 넘어 위대한 기업으로(Good to Great)』, 콜린스, 2001년, 39쪽

4. 에드워드 프리워트, 〈경영 보고서. IT 리더들이 실패하는 이유(Management Report. Why IT Leaders Fail)〉, CIO 매거진, 2005년 9월 1일

5. 대니얼 골먼, 『SQ 사회지능(Social Intelligence)』, 밴텀 델, 2006년, 277쪽

〈Part 1〉

1장

1. 존 그레이 박사, 『일터로 간 화성남자 금성여자(Mars and Venus in the Workplace)』, 하퍼 콜린스, 2002년, 83쪽

2. 톰 하트먼, 『코드 해독하기(Cracking the Code)』, 베레트 쾰러, 2007년

3. 조너선 라우치, 〈당신의 내향성을 보살펴라(Caring for Your Introvert)〉, 애틀랜틱 먼슬리, 2003년 3월, http://theatlantic.com/doc/2003003/rauch

4. 『인피니트 마인드 : 수줍음(The Infinite Mind : Shyness)』, 2001년 12월 26일, 리히텐슈타인 크리에이티브 미디어(Lichtenstein Creative Media)

2장

1. 〈행복을 찾아서(The Pursuit of Happyness)〉, 가브리엘 무치노 감독, 소니픽처스, 2006년

〈Part 2〉

1장

1. 〈학교에 가다(Buffet and Gates Go Back to School)〉, PBS 텔레비전 방송, 2006년

2. 아네트 시먼스, 『최고의 스토리가 승자를 만든다(Whoever Tells the Best Story Wins)』, AMACOM, 2007년, 4쪽

3. 르네 그랜트 윌리엄스, 『목소리의 힘(Voice Power)』, AMACOM, 2002년, 23쪽

4. 르네 그랜트 윌리엄스, 『목소리의 힘』, AMACOM, 2002년, 66쪽

2장

1. 조지 L. 핸버리, 알카 사파트, 찰스 W. 워싱턴, 〈자신을 알고 자신의 운명을 개척하라 : 리더십 적응성 모델(Know Yourself and Take Charge of Your Own Destiny : The Fit Model of Leadership)〉, 행정학회지(Public Administration Review), 2004년 9월-10월호, 64호 5장

2. 대니얼 골먼, 『SQ 사회지능』, 밴텀 델, 2006년, 277쪽

3. 리즈 클레이먼의 워런 버핏 인터뷰, CNBC, 2006년 12월 4일

4. 스튜어트 스토크스, 〈정보 시스템 매니지먼트의 가장 힘든 과도기 (Managing the Toughest Transition)〉, 정보 시스템 매니지먼트(Information Systems Management), 봄호 1부(2003년), 8-13쪽

5. 빌 칸와일러와 제니퍼 B. 칸와일러, 『인적자원 관리자 역할 준비하기 : 오늘날의 기업에서 성공하는 방법(Shaping Your HR Role : Succeeding in Today's Organizations)』, 엘스비어, 2005년

6. 앨런 호로비츠, 〈내면의 리더(The Leader Within)〉, 컴퓨터월드 (Computerworld), 2007년 10월호, 1쪽

7. 마커스 버킹엄, 『CEO가 원하는 한 가지 능력(The One Thing You Need to Know : about Great Managing, Great Leading, and Sustained Individual Success)』, 프리 프레스, 2005년

8. 스튜어트 스토크스, 〈정보 시스템 매니지먼트의 가장 힘든 과도기〉, 정보 시스템 매니지먼트, 봄호, 1부, 2003년, 8-13쪽

9. 대니얼 핑크, 『새로운 미래가 온다(A Whole New World : Why Right Brainers Will Rule the Future)』, 리버헤드 북스, 2006년, 154쪽

10. 대니얼 골먼, 『SQ 사회지능』, 밴텀 델, 2006년, 277쪽

11. 스티븐 코비, 『성공하는 사람들의 7가지 습관(The Seven Habits of Highly Effective People)』, 프리 프레스, 1990년

12. 넬슨 만델라, 〈만델라의 여덟 가지 리더십 교훈(His Eight Lessons of Leadership)〉, 2008년 6월 21일 타임지

13. 맬컴 글래드웰, 『첫 2초의 힘 블링크(Blink : The Power of Thinking without Thinking)』, 리틀 브라운, 2005년

14. 폴 에크먼, 『얼굴의 심리학(Emotions Revealed)』, 오울 북스, 2003년

3장

1. 프로젝트 매니지먼트 협회(Project Management Institute), www.pmi.org

2. 〈커브 유어 엔수지애즘(Curb Your Enthusiasm)〉, 로버트 B. 와이드 감독, HBO 채널, 2001년 11월 25일

3. 섀넌 칼버가 2007년 11월 11일에 테크 리퍼블릭 블로그에 올린 〈외향인인 척하기(Passing as an Extrovert)〉, www.blogs.techrepulic.com/project-management

4. N. 골라와 얀 와 램, 〈누가 누구와 일해야 하는가? 효과적인 소프트웨어 프로젝트 팀 구성하기(Who Should Work with Whom? Building Effective Software Project Teams)〉, 커뮤니케이션즈 오브 더 ACM(Communications of the ACM), 2004년 47호 6장

5. N. 골라와 얀 와 램, 〈누가 누구와 일해야 하는가? 효과적인 소프트웨어 프로젝트 팀 구성하기〉, 커뮤니케이션즈 오브 더 ACM, 2004년 47호 6장

6. 체스터 엘턴, 〈당근의 법칙〉, 하버드 비즈니스 리뷰, 2003년 9월, 137쪽

7. 하버드 비즈니스 스쿨 편집부 온라인 〈새로운 프로젝트 매니지먼트(Reinventing Project Management)〉, http://www.pmi.org/pages/myth_vs_reality.aspx

8. 대니얼 핑크, 『새로운 미래가 온다(A Whole New Mind : Why Right Brainers Will Rule the Future)』, 리버헤드 북스, 2006년

9. 파비오 살라, 〈손쉽게 돈 벌기(Laughing All the Way to the Bank)〉, 하버드 비즈니스 리뷰, 2003년 9월 1일

10. 데이브 헴사스와 지번 시바수브러메이니엄, 『신나는 직장을 만드는 301가지 방법(301 Ways to Have More Fun at Work)』, 베레트 퀼러, 2007년.

4장

1. 피터 드러커, 『경영의 실제(The Practice of Management)』, 콜린스, 1993년

2. 〈뛰는 백수 나는 건달(Office Space)〉, 마이크 저지 감독, 20세기 폭스사, 1999년

5장

1. 스탠리 수, 〈해리슨 회의 서비스 창업자인 월터 그린과 호프스트라 대학이 수행한 연구(A Study by Walter Green, Founder of Harrison Conference Services, Inc. and Hofstra University)〉, 인터내셔널 트리뷴, 1990년

2. 제시카 가인, 〈실리콘 밸리, 회의 때 '벌거벗기'로 하다(Silicon Valley Meetings Go 'Topless')〉, 로스앤젤레스 타임스, 2008년 3월 31일

3. 로베르토 바가스, 『가족 행동주의(Family Activism : Empowering Your Community, Beginning with Family and Friends)』, 베레트 쾰러, 2008년

6장

1. 제이 콩거와 N. 아난드, 〈유능한 네트워커가 할 수 있는 일들(Capabilities of the Consummate Networker)〉, 조직역학지(Organizational Dynamics), 2007년, 36호 1장

2. 제인 E. 브로디, 〈기억 금고의 암호 해독하기(Cracking the Code to the Memory Vault)〉, 뉴욕타임스, 2007년 12월 4일

3. 앤 베이버와 린 웨이몬, 『일터에서 성공하기(Make Your Contacts)』, AMACOM, 2007년, 87-88쪽

4. 샘 혼, 〈자연스러운 인맥 쌓기(Network Naturally)〉, 2007년, CD, www.samhorn.com

〈Part 3〉

1장

1. 칩 벨과 헤더 슐츠, 『댄스 레슨 : 직장과 인생에서 위대한 파트너십을 이루기 위한 여섯 가지 단계(Dance Lessons : Six Steps to Great Partnerships in Business and Life)』, 베레트 쾰러, 1998년

2. 엘바 라미레즈, 〈잡담하기(Makes Small Talk)〉, 월스트리트 저널 온라인,

2007년 10월 25일

2장

1. 월도 월드먼 웹사이트, www.wingman.com

2. 조지 콜빈, 〈최고의 기업들은 어떻게 스타를 키우는가(How Top Companies Breed Stars)〉, 포춘지, 2007년 9월 20일, http://money.cnn.com/magazine/fortune/fortune_archive/2007/10/01/100351829/ind.ex.htm

3. 베벌리 카예와 샤론 조든 에번스, 『아껴주지 않으면 떠난다(Love'em or Lose'em : Getting Good People to Stay)』 4판, 베레트 쾰러, 2008년

4. 제이 콩거, 〈설득의 기술(The Necessary Art of Persuasion)〉, 하버드 비즈니스 리뷰, 1998년 5-6월호, 85-95쪽

5. 조지 콜빈, 〈최고의 기업들은 어떻게 스타를 키우는가〉, 포춘지, 2007년 9월 20일, http://money.cnn.com/magaxine/fortune/fortune_archive/2007/10/01/100351829/ind.ex.htm. (accessed 2008년 2월)

6. 마크 라너, 〈조니 카슨 : 카슨 부인이 조니 카슨 쇼를 DVD로 발매하다(Johnny Carson : A Former Mrs. Carson Releases the Classic Johnny Carson Show on DVD)〉, http://www.seattletimes.nwsource.com, 2007년 3월 2일

7. 델 존스, 〈성공한 CEO가 전부 외향인은 아니다〉, USA 투데이, 2006년 12월 8일

옮긴이 | 원은주

경제 경영·자기계발 분야 전문 번역가. 옮긴 책으로 『멘토』, 『나를 명품으로 만들어라』, 『윈스턴 처칠의 뜨거운 승리』, 『권력의 탄생』 등이 있다.

현명한 리더는 작은 소리로 말한다

초판 1쇄 | 2012년 3월 15일

지은이 | 제니퍼 칸와일러
옮긴이 | 원은주

발행인 | 김우석
제작총괄 | 손장환
편집장 | 서영주
책임편집 | 임보아
편집 | 주은선 배경란 조한별 박병규 박근혜 한진아
마케팅 | 공태훈 김동현 신영병
저작권 | 안수진
표지디자인 | 송진원
내지디자인 | 박라엽
교정교열 | 중앙일보어문연구소

펴낸 곳 | 중앙북스(주) www.joongangbooks.co.kr
등록 | 2007년 2월 13일 제2-4561호
주소 | (100-732) 서울시 중구 순화동 2-6번지
구입문의 | 1588-0950
내용문의 | (02) 2000-6154
팩스 | (02) 2000-6174

ⓒ제니퍼 칸와일러, 2012

ISBN 978-89-278-0316-4 03320

값 13,000원